Saggi

ANDREA COLAMEDICI
SIMONE ARCAGNI

L'algoritmo di Babele

Storie e miti dell'intelligenza artificiale

SOLFERINO

SOLFERINO

www.solferinolibri.it

Andrea Colamedici pubblicato in accordo con S&P Literary –
Agenzia letteraria Sosia & Pistoia
Simone Arcagni pubblicato in accordo con Elastica s.r.l., Bologna

ISBN 978-88-282-1581-3
Prima edizione: novembre 2024

Incantata dal suo rigore, l'umanità dimentica che si tratta d'un rigore di scacchisti, non di angeli.

Jorge Luis Borges, *Finzioni*

Prologo

Cos'è Babele per noi occidentali? Innanzitutto la storia di un dispositivo realizzato con strumenti inediti. Poi la generazione di una grande varietà culturale. Non solo le lingue che si moltiplicano ma anche i nomi, le parole e le cose. In breve: la tecnologia, la memoria e il database.

La torre di Babele è diventata oggi l'algoritmo di Babele, che si situa all'incrocio tra la spinta tecnologica e l'accumulo dei saperi e che rappresenta una sfida avvincente e allo stesso tempo una minaccia inaggirabile. E incarna un racconto, un simbolismo e una visione straordinari. In questo libro siamo a caccia proprio di questo: di storie, di chiavi interpretative e di immaginari che ci aiutino a capire la società algoritmica contemporanea, attraverso la lente privilegiata dell'intelligenza artificiale.

Introduzione. La macchina di Kafka

Il 24 febbraio 1918 Franz Kafka appuntava sul suo quaderno azzurro una riflessione paradossale: «Le invenzioni ci precedono, come la costa precede il piroscafo continuamente scosso dalla sua macchina».[1] Come fa un'invenzione, qualcosa che per definizione siamo noi a mettere al mondo, a precederci? Per capirlo dobbiamo entrare nell'equazione kafkiana: le invenzioni stanno alla costa come il piroscafo sta all'umanità. Per lo scrittore boemo, cioè, noi siamo come quel battello a vapore che, attraverso le scosse della propria macchina (dove *attraverso* è sia «tra» le scosse che «mediante» le scosse), segue il filo della costa. È la macchina che lo abita – e che quindi *ci* abita – a offrire una rotta, anche se al prezzo di smottamenti costanti. Il battello è continuamente turbato dalla macchina come l'umanità è mossa e, spesso, sconvolta dalle sue stesse invenzioni e innovazioni, che non si limitano a spingerla ad andare avanti ma destabilizzano i vecchi paradigmi e creano nuove sfide e problemi, lasciando il segno del dinamismo tecnologico e della trasformazione costante. Ogni oggetto del futuro, spiega Kafka in quel lampo trascritto, è nato ben prima di emergere al mondo. Lo ha fatto grazie alla somma dei desideri, dei sogni e dei bisogni collettivi che ne hanno generato il senso e la forma. Inventare, quindi, significa portare nel visibile qualcosa che, attraverso l'urgenza dei viventi, ha preso forma nell'invisibile. È quindi anche il caso dell'intelligenza artificiale (IA), «iniziata» molto prima della sua nascita ufficiale, come vedremo; ed è sulle tracce di questi *inizi prima dell'inizio* che ci metteremo in cammino lungo queste pagine.

Cosa fanno le invenzioni

L'innovazione tecnologica, intesa in senso kafkiano, non è un atto creativo del singolo ma un processo di scoperta e realizzazione collettiva di potenzialità latenti, edificate di generazione in generazione. È utile, quindi, sforzarsi di comprendere il perché abbiamo desiderato e «costretto a nascere» questa forma attuale di IA. Nei suoi *Quaderni in ottavo*, Kafka proseguiva la strana riflessione scrivendo che

> le invenzioni fanno tutto ciò che è possibile fare. È ingiusto dire, per esempio, che l'aeroplano non vola come l'uccello o che non saremo mai capaci di fabbricare un uccello vivo. Certo che no, ma l'errore sta nell'obiezione. [...] Non è detto, però, che il metodo e il fine con cui sono

> creati l'uccello e l'aeroplano siano necessariamente diversi, e la spiegazione dei selvaggi, che confondono lo sparo di un fucile col tuono, può racchiudere una parte di verità.[2]

L'errore sta quindi nell'obiezione: seguendo Kafka, così come è ingiusto dire che non saremo mai capaci di fabbricare un uccello vivo e che l'aeroplano non sarà mai come l'uccello, è ingiusto chiedere a una macchina di possedere l'intelligenza nelle stesse modalità con cui questa abita noi umani, dilapidando energie preziose nel discettare sulla correttezza o meno del termine «intelligenza» a essa applicato. Le discussioni sulla «vera intelligenza» della IA sono oggi decisamente meno rilevanti rispetto alla comprensione della forza dinamica e del significato profondo che essa porta con sé. A contare, come spiega l'autore del *Processo*, sono «il metodo e il fine della creazione» di un'intelligenza naturale e di una artificiale, che non sono necessariamente così diversi.

Come ha scritto James Bridle,

> Al di là della limitata definizione proposta dalle aziende tecnologiche e dalla dottrina dell'unicità umana (l'idea che, tra tutti gli esseri, l'intelligenza umana sia straordinaria e preminente), esiste un'intera gamma di altri modi per pensare e fare intelligenza[3]

che si intersecano ma non si sovrappongono interamente col nostro. In altre parole le innovazioni tecnologiche, pur essendo artificiali, possono condividere principi fondamentali (che fatichiamo a cogliere) con alcuni processi naturali. L'artificio, in fondo, non è che una delle forme possibili della natura; non c'è artificio che non sia, nel profondo, naturale.

E, infine, la confusione dei selvaggi tra lo sparo di un fucile e il tuono rappresenta più di una semplice mancata conoscenza; riflette appunto una profonda interconnessione – una *con-fusione* – tra il mondo naturale e quello tecnologico. La differenza tra sparo e tuono, all'orecchio esperto dell'uomo contemporaneo, è fin troppo evidente, ma al suo udito sfugge quella parte di verità che li accomuna. Le nostre invenzioni non sono isolate dalla natura ma in essa integrate, ed evocano reazioni e significati che trascendono la mera funzionalità tecnica. Attraverso questa lente possiamo comprendere meglio il modo in cui la tecnologia influenza e s'intreccia con la nostra percezione del mondo, arricchendo la comprensione delle implicazioni culturali delle nostre innovazioni. L'IA, come l'aeroplano rispetto all'uccello, non deve essere giudicata in base alla sua somiglianza con l'intelligenza umana, quanto piuttosto nella «porzione di verità» che con essa condivide e che in parte, forse, supera. È attraverso questa prospettiva che possiamo scorgere una guida efficace all'utilizzo di ciò che, se usato male, potrebbe costringerci all'insensatezza radicale.

Ancora tra Kafka e gli aeroplani

Facciamo un passo indietro nella vita di Kafka. Possiamo immaginarlo, con il suo sguardo acuto, con il corpo magro e nervoso, i capelli ordinati come i pochi ritratti in vita ce lo hanno tramandato. È il 1909 e il giovane Franz, con il suo amico fraterno e in seguito biografo ufficiale Max Brod, è a Montichiari, in provincia di Brescia, con gli occhi puntati sul cielo dove danno spettacolo alcuni aeroplani. Si tratta di uno dei primi esperimenti di volo aperti al pubblico. È l'11 settembre (data infausta soprattutto per gli aerei, ma queste sono le ironie del destino) e chissà cosa pensava il giovane Kafka allora ventiseienne. Chissà cosa pensava di quell'invenzione tecnologica che sfidava la gravità e portava l'essere umano a dominare una dimensione che sembrava non appartenergli in alcun modo, il cielo. Chissà quale meraviglia aveva suscitato in lui e, soprattutto, quali demoni aveva generato. Scriverà a proposito di quell'esperienza:

> Qui sopra un uomo è intrappolato in un telaio di legno a venti metri da terra e si difende da un pericolo invisibile, assunto volontariamente. Noi, invece, siamo ricacciati qui sotto, come nullità, e osserviamo quest'uomo.[4]

Il rapporto tra Kafka e le macchine è, come abbiamo già avuto modo di vedere, un rapporto particolarmente ambiguo. L'uomo volante sarà pure intrappolato e in pericolo, ma non è una nullità come coloro che lo osservano dal basso impotenti.

Kafka e le macchine. Ma di quali macchine parla Franz Kafka? Qui la storia si fa interessante, perché lo scrittore ceco parla di dispositivi molto diversi tra loro ma che, posti all'inizio del Novecento, divengono emblematici come visioni anticipatrici di una più complessa macchina che è quella digitale.

Franz Kafka, a sinistra, con gli amici al Prater di Vienna, 1913.

Quando si parla di macchine di Kafka non si può non pensare a quel meccanismo freddo e oltremodo crudele che è la macchina protagonista del racconto *Nella colonia penale*. Un letto di morte che prima ferisce il condannato con incredibile lentezza, torturandolo con aghi che incidono sulla sua pelle il reato per cui è stato costretto al supplizio, per poi poco alla volta farlo espiare per il tramite degli stessi aghi che lo hanno in precedenza segnato. Una macchina crudele, fredda, implacabile, proprio come l'ufficiale che la gestisce, che in virtù della sua ammirazione per il meccanismo arriva addirittura a disumanizzarsi, a perdere ogni barlume di pietà e di empatia umana. *Nella colonia penale* indica un percorso per nulla scontato che oggi, in epoca di IA, si fa sempre più attuale e che sposta l'attenzione dalla macchina per focalizzarsi sull'essere umano che tende a identificarsi con la tecnologia, tende ad assomigliare alla tecnologia. Un ingranaggio perverso che esplode con l'allucinante viaggio del protagonista nei meandri oscuri della burocrazia ne *Il processo*. La burocrazia si dispiega proprio come una mente esterna e artificiale creata dai dati, dalle informazioni, dagli archivi (i *database*). Una mente che al posto di neuroni e di sinapsi può contare su carte, cartelle, faldoni e protocolli che vengono attivati attraverso complicate regole di elaborazione che possiamo decisamente chiamare algoritmi. Ancora una volta Kafka non si ferma al mero dato meccanico dell'industrializzazione galoppante ma spinge il suo sguardo oltre, verso una tecnologia che nella sua matematica efficienza diviene sempre più organica e porta l'essere umano ad assuefarsi a essa oppure a divenirne vittima, proprio nel momento in cui ne ravvede il portato allucinatorio.

Come non vedere quindi una profonda influenza kafkiana in un racconto prodigioso come *Per chi lavoriamo* del 1964 di Jack Vance. Un classico racconto di fantascienza distopica in cui è descritta una trafila burocratica che crea disumanizzazione, in una società rigidamente divisa in classi sociali e composta da amministratori senza un reale potere, parti di un ingranaggio più potente di loro in cui è la macchina a dominare. La macchina burocratica è fatta di relè che ticchettano e ronzano, di cilindri e tubi. È una macchina complessa e fragile, a cui basta un umile custode per metterla in crisi. Un custode, e una macchina da scrivere, che nel segreto di uno scantinato non sorvegliato è in grado di fare «interpolazioni» ai testi che arrivano e cambiare così il destino di interi reparti industriali e di molti esseri umani, senza che nessuno metta in dubbio il valore delle proposte arrivate dalle macchine. La puntuale metafora di una macchina considerata perfetta, a cui delegare ogni nostra attività. Esattamente il rischio che si corre con le IA, tecnologie niente affatto intelligenti di per sé ma che lo diventano nel momento in cui è l'essere umano a dargli questa funzione, e di conseguenza questo potere. A quel punto basta una allucinazione, una manipolazione o un hacker affinché la macchina assuma i contorni di un meccanismo perverso.

La macchina di Kafka è quindi quella digitale, che nasce sulle ceneri del trionfalismo meccanico ed elettrico e che trova la sua capitale in quell'America mai visitata, eppure protagonista nel suo gigantismo industriale del romanzo *America*. Un romanzo che non può che iniziare su una enorme macchina, la nave, che porta gli immigrati europei pieni di speranze nel nuovo mondo. E, ancor di più, nel cuore pulsante di questa macchina: la sala motori. È proprio in quegli ingranaggi che muovono i titanici natanti che sfidano gli oceani che si trova *in nuce* non il risultato finale del genio, ma le radici di una nuova dimensione umana, quella che tende sempre più a ibridare uomini e macchine.

La tecnologia è quasi un alieno, una forma non per forza antropomorfa che non ha l'obbligo di rispondere alle logiche dell'uomo; un po' come lo strano Odradek, figura meccanica tra le più surreali che ha le forme di

Odradek di Franz Kafka.

> [...] una specie di rocchetto da refe piatto, a forma di stella, e infatti par rivestito di filo; si tratta però soltanto di frammenti, sfilacciati, vecchi, annodati, ma anche ingarbugliati fra di loro e di qualità e di colore più diversi. Non è soltanto un rocchetto, perché dal centro della stella sporge in fuori e di traverso una bacchettina, a cui se ne aggiunge poi ad angolo retto un'altra. Per mezzo di quest'ultima, da una parte, e di uno dei raggi della stella dall'altra, quest'arnese riesce a stare in piedi, come su due gambe.[5]

Odradek denota una intelligenza, ma non una intelligenza umana.

Odradek rappresenta l'assurdo e l'alieno allo stesso tempo, ciò che appunto potrebbe essere la macchina. Ma se la macchina può esistere indipendentemente da qualcuno che l'ha generata, se può mostrare una qualche forma di intelligenza, allora qual è il ruolo dell'essere umano? A quali sfide va incontro? A essere disumano come l'ufficiale della *Colonia penale*? A essere vittima di un sistema talmente organizzato da non prevedere nemmeno più la presenza dell'uomo come nel *Processo*? O addirittura a essere disumanizzato in maniera totale, e a risvegliarsi, magari, nelle fogge di un insetto abnorme?

Siamo partiti chiedendoci di quali macchine parli Kafka, ora la domanda successiva è: di cosa parlano le macchine di Kafka? Parlano del nostro rapporto con esse e con la tecnologia. Parlano di come uomini e macchine tendono sempre di più a relazionarsi, a rendere complessi e intriganti i loro rapporti. Parlano di come questo rapporto generi racconti, riflessioni, immaginari. Parlano di come interrogare la tecnologia, di come entrarci in relazione, di come si generano le macchine, di come la scienza e la tecnologia vengono alimentate dagli immaginari e di come, a loro volta, ne generano di nuovi. Basti pensare a Thomas Mann, che lascia affascinato e attonito il protagonista della sua *Montagna incantata* (1924)[6] di fronte alla magnificenza futuribile della macchina a raggi X. E d'altra parte a come, tra la fine dell'Ottocento e l'inizio del Novecento, si abbeverano di tecnologie presenti e future autori come Jules Verne o Herbert George Wells, entrambi a metà strada tra scrittori di fantascienza e fini futurologi, ossia scrittori di saggi sul possibile sviluppo delle tecnologie.

Da qui inizia il nostro libro. Dalla volontà di interrogare la storia e i miti delle macchine contemporanee prima che la tecnologia le avesse inventate. E, in particolare, desideriamo coinvolgere il lettore in un viaggio – che garantiamo essere entusiasmante – tra racconti, storie e riflessioni che hanno anticipato IA. Vogliamo portarlo in una cavalcata tra scrittori e filosofi e su come le loro storie si siano intrecciate, fin dall'antichità, con quanto chiamiamo scienza e tecnologia. Vogliamo provare a far dialogare la tecnologia con i suoi racconti, mettere sotto esame le macchine per donar loro una dimensione più ampia di quella meramente tecnologica e sociale, che chiamiamo comunemente «culturale».

Cosa faremo, quindi, in questo libro

In un'epoca in cui l'IA è percepita da alcuni come una meravigliosa panacea e da altri come la più alta minaccia esistenziale, questo libro si propone di scavare nelle radici culturali della IA attraverso un'indagine del suo immaginario costitutivo, calandosi nelle strutture dei discorsi e nei contesti storici e intellettuali che ne hanno formato il concetto tempo. Questo approccio permetterà di andare oltre le classiche ricostruzioni storiche che ne situano la nascita, come campo di ricerca, con la nota Conferenza di Dartmouth del 1956: analizzeremo piuttosto il modo in cui le visioni filosofiche, letterarie e culturali in genere hanno contribuito a plasmarne l'immaginario e la percezione. Più che considerare l'IA come un mero oggetto tecnologico, la osserveremo quindi in quanto *meta-prodotto culturale collettivo*, capace di assorbire e generare immaginari, narrazioni e riflessioni.

Nel corso di queste pagine esamineremo alcune opere che, attraverso i secoli, hanno anticipato concetti e dilemmi presenti oggi nella discussione sull'IA. In questo modo tracceremo una mappa dove saranno posti in evidenza i principali contributi alla comprensione culturale del tema, fornendo un percorso che consenta di collegare idee e concetti lungo una traccia praticabile. Esamineremo il modo in cui le visioni dell'artificio hanno influenzato il pensiero contemporaneo e attraverso questa lettura critica cercheremo di rilevare tensioni, discontinuità e punti di convergenza tra immaginazione e tecnologia. Studieremo, quindi, i rapporti tra le riflessioni filosofico-letterarie e lo sviluppo scientifico della IA, analizzando per esempio il modo in cui i miti e le metafore antiche sono stati integrati nei paradigmi scientifici moderni, allo scopo di comprendere in che modo ne abbiano influenzato la percezione e l'orientamento della ricerca. Per comprenderne il portato culturale, poi, esamineremo come la rappresentazione e il concetto di «IA» siano cambiati nel tempo in risposta ai mutamenti sociali, economici e tecnologici. Questo contesto offrirà una comprensione più profonda delle preoccupazioni e delle aspettative che circondano l'IA oggi, e permetterà di utilizzare la mappa culturale e la lettura critica per affrontarne le sfide attuali, imparando a formulare meglio le domande e a generare risposte di maggior respiro, fondate su un'interpretazione coerente delle sue radici.

Le radici culturali della IA

Perché è così importante avere contezza delle radici culturali della IA? Proviamo a immaginare di navigare in un vasto oceano di informazioni senza una bussola: le radici culturali fungono da guida, orientando la nostra comprensione e consentendoci di interpretare correttamente le innovazioni tecnologiche. Intraprendere questa esplorazione non solo arricchirà la nostra conoscenza, ma ci aiuterà a plasmare un futuro in cui l'IA possa veramente servire l'umanità in modo positivo e significativo, ed essere messa da parte quando necessario. Capire come l'abbiamo sognata e immaginata, più a fondo, aiuta a distinguere il sogno dall'incubo. Le nostre visioni della IA hanno spesso oscillato tra utopie e distopie, tra sogni di progresso e incubi di controllo. Abbiamo spesso immaginato un mondo futuro in cui un'*intelligenza superiore* avrebbe risolto problemi complessi, migliorato la qualità della vita e liberato l'umanità da compiti monotoni e pericolosi. Allo stesso tempo, abbiamo temuto (e in parte desiderato) una forza fuori controllo, capace di dominarci o annientarci. Capire queste narrazioni ci permette di riconoscere le sfide esistenziali della IA e di affrontarle con una prospettiva informata. Possiamo così evitare di cadere nelle trappole della paura irrazionale o dell'ottimismo eccessivo, trovando un personale equilibrio tra cautela e speranza.

Introduzione alla mappa culturale

L'opera offre una sorta di mappa che rappresenta la comprensione basica e contemporanea della IA, che include concetti essenziali come «algoritmi», «macchine intelligenti», «autonomia tecnologica», illustrati come nodi principali senza dettagli storici o culturali profondi. Ogni capitolo arricchisce la mappa, introducendo suggestioni culturali collegate alle concezioni della IA. La mappa si espande nel corso del testo creando veri e propri nodi tematici, e ogni nuovo tassello inserito nel capitolo fornisce nuove sfaccettature e approfondimenti sui concetti già presenti, arricchendone la comprensione contemporanea. Gli elementi introdotti sono collegati non in modo cronologico ma tematico e concettuale, costruendo ponti tra epoche e discipline diverse. Ciò permette di connettere visioni antiche e concezioni moderne: questo costante processo di revisione consente di riflettere una comprensione sempre più sofisticata e approfondita del tema, integrando via via le nuove comprensioni nel contesto delle domande e dei dilemmi etici, sociali, economici e filosofici contemporanei. Servirà come strumento di sintesi e guida per i lettori e le lettrici alla ricerca di una rappresentazione delle varie influenze culturali e intellettuali che ne hanno formato il concetto, e come solida base per ulteriori riflessioni e ricerche, promuovendo un dialogo continuo tra le tradizioni culturali e le sfide tecnologiche contemporanee.

1
L'ira di Achille e l'IA

Mentre imperversa la lotta tra greci e troiani, un fatto rompe gli equilibri: Ettore, l'eroe di Troia, vince in battaglia il giovane Patroclo, il protetto di Achille, che in sua assenza ha indossato la sua armatura e ha creato scompiglio tra le linee nemiche.

Achille ora è desideroso di vendetta e vuole sfidarlo ma Teti, prudentemente, gli dice di aspettare nuove armi. E per forgiarle, la dea, madre dell'eroe greco, si rivolge a Efesto. Si reca nell'antro fumoso che la mitologia colloca all'interno dell'Etna e lì incontra quello che viene chiamato il «fabbro degli dèi».

> Tutto in sudor trovollo, affaccendato
> de' mantici al lavoro. Avea per mano
> dieci tripodi e dieci, adornamento
> di palagio regal. Supposte a tutti
> d'oro avea le rotelle, onde ne gisse

da sé ciascuno all'assemblea de' numi,
e da sé ne tornasse onde si tolse:
meraviglia a vederli![7]

Siamo evidentemente tra le pagine dell'*Iliade* di Omero. Efesto viene descritto come un «facitore», un «artefice» i cui lavori procurano subito «meraviglia». Tiene infatti con sé dieci tripodi che si muovono in autonomia. Automi, dunque, che fanno da servitori per i banchetti degli dèi. Efesto è quindi in grado non solo di piegare il ferro, ma anche di costruire ordigni «intelligenti» e autonomi. Ma non basta, perché quando fa per alzarsi...

Seguian l'orrido rege, e a dritta e a manca
il passo ne reggean, forme e figure
di vaghe ancelle, tutte d'oro e a vive
giovinette simili, entro il cui seno
avea messo il gran fabbro e voce e vita
e vigor d'intelletto, e delle care
arti insegnate dai celesti il senno.[8]

L'artefice, e quindi colui che produce oggetti «artificiali», ha anche fabbricato dei veri e propri robot dalle sembianze femminili a cui ha instillato la vita, ma non solo: anche «senno» e «intelletto». Ha dunque realizzato «artifici intelligenti» o, meglio, «intelletti artificiali».

Estate del 1956: un altro inizio

Eppure, quando si parla di IA la storia ci consegna un altro inizio: siamo nel già citato 1956 quando viene organizzata una conferenza che scaturirà in un vero e proprio progetto di ricerca della durata di un'intera estate: si tratta di *Una proposta per il progetto di ricerca estivo di Dartmouth sull'intelligenza artificiale*. Ecco la prima occorrenza del termine «intelligenza artificiale». E la paternità di questo termine va attribuita ai due principali organizzatori del progetto, John McCarthy e Marvin Minsky, entrambi matematici e tra i padri fondatori della IA. Insieme con loro troviamo altri due protagonisti di questa prima stagione: Nathaniel Rochester e Claude Shannon.

Nel 1959 McCarthy e Minsky fondano poi l'Artificial Intelligence Project, al MIT, che in seguito diventerà il MIT Artificial Intelligence Laboratory che sarà diretto da Minsky, mentre nel 1963 McCarthy si trasferirà a Stanford, dove realizzerà lo Stanford AI Lab.

Ma se il termine è nuovo, il concetto deriva invece dagli studi di un altro matematico, l'inglese Alan Turing, famoso per essere stato il principale ideatore della macchina *Colossus* che è riuscita a decriptare il codice cifrato di un'altra macchina, quella costruita dai tedeschi durante la Seconda guerra mondiale e dal nome *Aenigma*. Turing e i suoi collaboratori sviluppano un calcolatore in grado, una volta trovata una chiave di accesso alla cifratura nemica, di ottenere in breve il significato dell'intera architettura decodificata e quindi di svelare i messaggi segreti delle forze armate naziste, offrendo in questo modo un contributo fondamentale alla risoluzione della guerra. Ma questa, seppure sia una storia di macchine, è un'altra storia. Quella che interessa a noi è invece insita nel lavoro di Turing sulla possibilità di costruire un «calcolatore universale» o, per meglio dire, un computer in grado di rivaleggiare con il cervello umano e, quindi, di pensare.

In una conferenza alla London Mathematical Society del 1947 dal titolo *Intelligenza meccanica* Turing parla già di intelligenza e dell'importanza fondamentale della memoria e dell'addestramento per sviluppare una IA. Mentre l'anno successivo, nell'articolo *Macchine intelligenti*, ritorna ancora sul tema della memoria delle macchine. Un tema per noi scontato ma che ai tempi risulta quanto meno seminale, aprendo la strada con grande anticipo all'ideazione di una prima ingegnerizzazione di una macchina da calcolo digitale: parliamo soprattutto di un oggetto centrale nella definizione delle IA contemporanee, in particolare quelle cosiddette «generative» (ChatGPT & co., tanto per capirci). La memoria e il database sono gli elementi decisivi, le fondamenta necessarie per costruire i modelli (*Large Scales Models* vengono chiamati questi software) in grado di predire e, quindi, di sviluppare quelle funzioni che tanta meraviglia stanno oggi suscitando. Ma oltre alla memoria, Turing si sofferma sul concetto di complessità, e anticipa un atteggiamento che sarà vincente: desistere dal costruire androidi completi (e cioè veri e propri corpi meccanici, gemelli del corpo umano) per soffermarsi invece su alcune funzioni come la vista, l'udito e la parola, e riprodurli per creare una macchina intelligente.

Talking Heads

Turing da una parte assorbe una serie di elementi culturali, e dall'altra ne preannuncia altri. Per un verso, la sua idea risulta essere una filiazione diretta del tema delle «teste parlanti». La leggenda delle teste parlanti fa la sua prima comparsa già nell'antichità, e poi attraversa il Medioevo fino all'età moderna. In alcune versioni della leggenda l'androide di Alberto Magno, tra gli automi più citati dal Medioevo a oggi, non era altro che una testa organica parlante. Inizialmente, infatti, si tratta di presunti artifici magici fatti su teste mozzate per trasformarle in potentissimi oracoli. E anche in questo caso si manifesta in tutta la sua potenza la contiguità di immaginario con i chatbot contemporanei, oggetti conversazionali, modelli che funzionano con algoritmi in grado di leggere, elaborare e comparare in maniera statistica (ma in parte anche semantica) una serie di dati per dare una risposta predittiva: per suggerire la scelta migliore, proprio come fanno i famosi algoritmi di Google, Amazon e Netflix. Ma ciò che avvicina ancora di più le teste parlanti ai software di IA contemporanei risiede nel fatto che la leggenda delle teste, con l'avvicinarsi dell'età moderna, perde la sua coloritura magica per trasformarsi nel suo correlativo tecnologico. Le teste diventano di bronzo, di oro e di metallo. Divengono macchine a tutti gli effetti capaci di ragionare, parlare e predire il futuro, o meglio di fungere da oracoli. Nell'opera *Friar Bacon and Friar Bungay* Robert Green attribuisce la creazione di una testa di bronzo capace di filosofare nientemeno che a Francesco Bacone. Così come in diverse tradizioni medioevali vengono attribuiti a Virgilio poteri e funzioni di meccanico e di negromante, tanto da aver creato una testa di bronzo che, interrogata, è capace di parlare e soprattutto di predire il futuro, come raccontato dal poeta trecentesco Antonio Pucci nel suo *Libro di varie storie*.

Il concetto di Turing di ideare una macchina con le funzioni di parola, vista e udito è permeata da questa visione che viene da lontano e che al contempo si proietta nel futuro. Negli anni Ottanta ebbe molto successo proprio una testa parlante: un finto robot (in effetti era un uomo truccato da macchina) che, parlando a scatti e con voce metallica, rispondeva a domande e formulava pensieri. Protagonista di una serie e poi icona di video musicali, pubblicità e comparsate di vario tipo, si tratta di Max Headroom. La sua prima apparizione è nel 1985 ed è nel ruolo di presentatore di video musicali nel *The Max Talking Headroom Show* sul canale televisivo britannico Channel 4. Falso tanto quanto il giocatore di scacchi raccontato da Poe, è comunque il tramite per una sensibilità nuova che ipotizza già negli anni Ottanta, soprattutto sulla scorta della letteratura di fantascienza e in particolare in quella denominata *cyberpunk*, un nuovo tipo di computer, una IA generata e generativa in grado di dialogare e con una forma antropomorfa, anche se parziale: la nostra famosa testa! Ma Max Headroom non è da solo: basti pensare a una delle IA più famose della storia culturale, Hal 9000. Il computer di bordo che accompagna gli astronauti nella loro rotta su Giove nel film *2001: Odissea nello spazio* di Stanley Kubrick. Hal incarna tutto il pensiero di Turing: si tratta di un occhio che vede, sente e parla. Un occhio che è sostenuto da un complesso sistema di memoria che osserviamo solo nella toccante sequenza in cui l'astronauta sopravvissuto si dirige a «uccidere» Hal, ed entra nella stanza della memoria disconnettendo dati, informazioni e memorie che sono l'architettura ingegneristica del suo sapere. Va detto che questa visione così specifica di una IA, proposta dal geniale regista statunitense già nel 1968, è opera soprattutto di Marvin Minsky. Proprio quel Minsky a cui dobbiamo il termine IA e che al momento delle riprese dirigeva il Lab del MIT, che viene assunto da Kubrick come consulente per il film. Ancora una volta i nodi che intrecciano storie, immaginari e risultati scientifici sono quasi inestricabili.

Pensare o imitare?

Ma torniamo a Turing, che già alla fine degli anni Quaranta immagina una IA. E la immagina come una macchina-bambino che deve essere sottoposta a un training continuo da parte di insegnanti per poter crescere in intelligenza. Memoria, alimentazione di dati, training, non a caso sono termini ricorrenti, usati dagli informatici per descrivere il lavoro per produrre le IA. Ma l'articolo più famoso Turing lo pubblica nel 1950 per la rivista «Mind», e si intitola *Macchine calcolatrici e intelligenza*. Parliamo dell'articolo che appone come inizio del proprio discorso la fatidica domanda: «Possono pensare le macchine?»

La risposta di Turing è quantomeno anticipatoria dei temi di questi giorni, e si tratta di un sì. Le macchine possono pensare, a patto di intendersi a proposito di cosa intendiamo per «intelligenza», di cosa significa «pensare», e del «come» le macchine possono farlo. Nell'articolo Turing propone un «gioco» che permetta di descrivere se una macchina raggiunge un grado di intelligenza accettabile. È il cosiddetto «gioco dell'imitazione». Se una macchina sarà in grado di imitare un essere umano tanto che non si possa distinguere la risposta data da uno o dall'altro, ecco: quello lo possiamo chiamare calcolatore universale, e quindi IA. Il punto di Turing sta precisamente in questo: quanto riusciamo a costruire macchine in grado di imitarci?

L'imitazione sembra essere uno dei caratteri più decisivi del nostro percorso. Imitare significa appunto costruire secondo un modello preciso; imitare e, quindi, mimare. Mimare magari le fattezze dell'essere umano, come nel caso dei robot e degli androidi, o imitarne una parte (un braccio meccanico per esempio) o una funzione (l'intelligenza). Il facitore, l'artefice infatti si propone di rifare dei modelli.

Imitarsi male

A questo riguardo Roberto Calasso ne *L'innominabile attuale* ha colto un punto cruciale: l'importanza per l'essere umano di imitarsi *male*, in maniera imperfetta e infedele. Le caricature, per esempio, dicono di noi molto più di una fotografia qualsiasi, perché esacerbando alcune caratteristiche peculiari offrono uno sguardo più acuminato sulla nostra identità. Se la copia è, invece, troppo perfetta diventa *emulazione*, che rivela inesorabilmente il potenziale carattere competitivo e violento dell'imitazione: «L'emulo è il più temibile nemico, perché la sua mira è di sostituirsi a chi gli fa da modello, non assoggettandolo ma eliminandolo»,[9] scrive a proposito Calasso. Il grande pericolo delle simulazioni ed emulazioni digitali e delle tecnologie imitative – dall'IA al metaverso – è che ci portino a non riconoscere più il *dato di realtà*. Che, cioè, ci rendano incapaci di capire perché è preferibile abitare una Terra in fiamme che un paradiso artificiale, per quanto meraviglioso.

Recitare, del resto, significa letteralmente *richiamare*:

> Homo diventa enormemente più potente se simula se stesso, imitandosi in modo incompleto e difettoso. Se invece riuscisse a produrre copie identiche, rimarrebbe qual è. Ed è questa una sua suprema stranezza.[10]

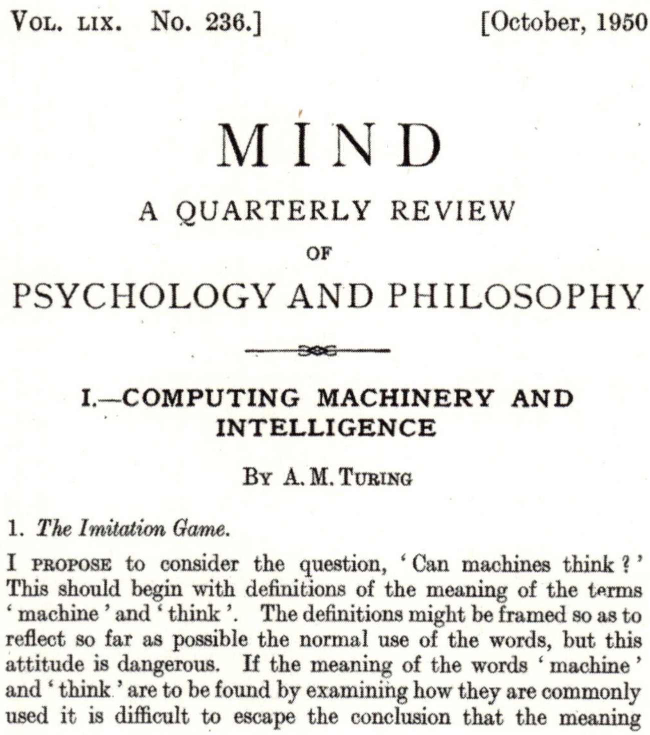

VOL. LIX. No. 236.] [October, 1950

MIND

A QUARTERLY REVIEW OF PSYCHOLOGY AND PHILOSOPHY

I.—COMPUTING MACHINERY AND INTELLIGENCE

BY A. M. TURING

1. *The Imitation Game.*

I PROPOSE to consider the question, 'Can machines think?' This should begin with definitions of the meaning of the terms 'machine' and 'think'. The definitions might be framed so as to reflect so far as possible the normal use of the words, but this attitude is dangerous. If the meaning of the words 'machine' and 'think' are to be found by examining how they are commonly used it is difficult to escape the conclusion that the meaning

Prima pagina dell'articolo di Turing su *Mind* del 1950.

È nell'errore della copia, nella presenza di difetti e incompletezze e *quindi* anche nelle allucinazioni della macchina che l'essere umano può espandere il proprio potere.

«L'impegno profuso nello studio delle IA mira esattamente a ricostruire e a rendere gestibile all'esterno della mente quelle operazioni che il cervello compie in maniera automatica come un macchinario imperfetto»:[11] è inventando qualcosa che ci somigli *ma non troppo* che possiamo scoprire di più su di noi e sul mondo, ma l'operazione non è scevra da rischi. La macchina di Turing è così potente «perché imita il processo mentale come se fosse una successione di stati discreti, mentre così non è. E Turing stesso lo ha precisato».[12]

Al centro di tutta l'opera calassiana si trova, infatti, una polarità cruciale che ci aiuta a comprendere meglio le radici culturali della IA: quella tra *pensiero analogico* e *pensiero digitale*.

La cultura occidentale ha danzato e generato il proprio potenziale tra due poli, due realtà della psiche inseparabili e inarrestabili: il primo è quello *digitale*, che spinge a decodificare e mette in azione

> quella parte del nostro encefalo che sa comportarsi come una macchina, che seguendo regole prestabilite e precise può lavorare sulle quantità e circoscrivere accuratamente il proprio campo di azione, anche basandosi su una rete di convenzioni condivise e sistematizzate.[13]

È grazie a questo polo digitale che sia il nostro cervello sia l'IA sostituiscono l'insieme di segni «cavallo» con l'informazione «mammifero erbivoro su quattro zampe». L'algoritmo generativo ottimizza le probabilità di combinazioni tra parole, permettendo di replicare vari stili letterari. Maggiore è la quantità di dati di addestramento a disposizione della IA e più il risultato finale apparirà plausibile e simile all'originale. Tuttavia, come hanno evidenziato Andrea Prencipe e Massimo Sideri in *Il visconte cibernetico*, la creatività autentica non consiste nel replicare, ma nell'essere originali. «Ridotta alla sua essenza probabilistica, l'originalità è la minimizzazione delle probabilità che quella combinazione sia già stata fatta da altri: l'esatto contrario di ChatGPT».[14]

L'originalità è prerogativa dell'altro polo, quello dell'*analogia*, che invece incarna la ricerca delle corrispondenze, di una catena simbolica che permette di muoversi di immagine in immagine attraverso la *somiglianza*, restando nel «gioco cosmico delle figure». Nel corso del tempo la mente umana è stata interpretata sempre più come un mero centro operativo, e ha finito col separare nettamente il soggetto dal mondo esterno, trattando la mente come un ente del tutto privo di connessioni e attraversamenti. È il polo analogico che consente alla mente, invece, di ricongiungersi al *continuo originario*.

Questo polo – che è stato via via ignorato nel corso della storia – crea complessità e nuovi problemi, mentre quello digitale è capace di offrire soluzioni e un'idea di efficacia. È per tale motivo che oggi, in un tempo ossessionato dal controllo, il pensiero analogico è considerato decisamente inferiore a quello digitale. Ma è l'unico a consentire di «risalire alla radice di ogni possibile sostituzione, rendendo omaggio al fondamento del pensiero stesso».[15]

Recuperare l'analogia

Nonostante il digitale sia il polo dell'efficienza, bisogna guardarsi bene dall'utilizzarlo in modo esclusivo, perché questo impedirebbe la «consapevolezza di ogni gesto» e finirebbe con il trasformare il mondo esterno in materiale da laboratorio. Riconoscere e valorizzare il polo analogico significa, allora, restituire dignità e spazio alla parte della nostra mente che percepisce il mondo come una rete di simpatie e risonanze inspiegabili, e che nell'iperconnessione contemporanea rischia di svanire. È l'analogico che consente di intuire il nostro mondo psichico nel pieno del suo altrimenti ineffabile mistero. Risalendo alle radici culturali della IA possiamo impedire che il polo digitale prenda il completo sopravvento; possiamo e dobbiamo, quindi, restituire dignità e spazio all'analogia che, se ignorata, può diventare estremamente pericolosa, acquisendo una potenza sotterranea incontrollata.

C'è, quindi, il rischio che il pensiero digitale finisca col sostituire il mondo un pezzo alla volta, rendendo impossibile distinguere tra realtà e finzione, con «un'illusione di continuità talmente ben riuscita da far perdere di vista il punto di partenza reale».[16] È quello che Borges chiamava *rigore di scacchisti e non di angeli*, e che approfondiremo nel prossimo capitolo. Quando il dominio del digitale si estende a tutto,

> non sappiamo più quale terra ci sostiene – se una terra c'è ancora. Continuiamo a vivere il polo analogico, ma non sappiamo più come nominarlo: è emozione muta, che opprime e non sbocca più nel suo antico estuario.[17]

Riconoscere il valore dell'analogico non significa rifiutare il digitale, ma trovare un equilibrio che permetta a entrambe le dimensioni di coesistere per arricchirsi reciprocamente. Solo così potremo evitare di perdere il contatto con il nostro punto di partenza reale e mantenere viva la consapevolezza di ogni gesto, di ogni connessione profonda che ci lega al mondo e a noi stessi. Questo equilibrio è cruciale per navigare il futuro tecnologico senza perdere di vista la complessità e la profondità della nostra esperienza umana.

Riscoprire le radici culturali della IA e valorizzare il polo analogico ci permette, quindi, di impedire che il dominio del digitale diventi totalizzante. In questo modo possiamo garantire che la nostra comprensione del mondo rimanga integrata e multidimensionale, rispettando e celebrando la ricchezza delle nostre intuizioni e delle nostre emozioni accanto all'efficienza e alla precisione del pensiero digitale.

Tornando all'*Iliade* da cui siamo partiti, se Efesto è l'artefice, il costruttore, e quindi l'ingegnere, rimanendo nel mondo antico possiamo allora indicare in Prometeo la figura dell'inventore, o meglio di colui che permette l'invenzione. Sì, perché nel mito di Prometeo ripreso, per esempio, nel *Prometeo incatenato* di Eschilo (V sec. a.C.), possiamo affermare che Prometeo è proprio il mito della IA nel momento in cui ruba ad Atena lo scrigno contenente intelligenza e memoria per donarli agli esseri umani, rimasti privi di qualità dopo l'esecrabile distribuzione dei beni fatta dal fratello Epimeteo.

Ma Prometeo è anche colui che ruba il fuoco per gli uomini, e quindi è colui che reca simbolicamente con sé la luce. Ed è anche colui al quale gli esseri umani devono il dono che più sviluppano anche nelle loro macchine: la memoria e la capacità di aggiungere e archiviare dati e informazioni (il *database*) e la facoltà di rimpolpare e di elaborare questi dati (l'intelligenza). Anche in questo senso l'intelligenza è artificiale. Nel mito è un dono che viene recapitato agli esseri umani da fuori, da lontano. Non è affatto *di serie*.

Thoth e Thamus

Il mito, del resto, è pieno di storie legate a doni pericolosi, dal vaso di Pandora al cavallo di Troia. Il mito stesso è *la* tentazione. Una delle narrazioni più attinenti al tema della IA è il mito della scrittura, contenuto nel *Fedro* di Platone, in cui Thoth, il dio egizio inventore di molteplici arti, presenta al faraone Thamus le lettere (*grammata*). Vale la pena leggerlo per intero, fingendo che il dono di Thoth non sia la scrittura ma l'IA.

> O re, questa conoscenza renderà gli egiziani più sapienti e dotati di memoria: infatti ho scoperto un *pharmakon* per la sapienza e la memoria. – E il re rispose: – Espertissimo Thoth, una cosa è esser capaci di mettere al mondo una *techne*, un'altra saper giudicare quale sarà l'utilità e il danno che comporterà agli utenti; e ora tu, padre delle lettere, hai attribuito a esse per benevolenza il contrario del loro vero effetto. Infatti produrranno dimenticanza nelle anime di chi apprende, per mancanza di esercizio della memoria; proprio perché, fidandosi della scrittura, ricorderanno le cose dell'esterno, da segni alieni, e non dall'interno, da sé: dunque tu non hai scoperto un *pharmakon* per la memoria (*mneme*) ma per il ricordo (*hypòmn-*

> *esis*). E non offri verità agli allievi, ma un'apparenza (*doxa*) di sapienza; infatti grazie a te, informati di molte cose senza insegnamento, sembreranno degli eruditi pur essendo per lo più ignoranti; sarà difficile stare con loro, perché in opinione di sapienza invece che sapienti.

Thoth descrive la scrittura come una medicina per la memoria e la sapienza, ma Thamus ne offre una visione ben diversa, sottolineando che questa registra sì le informazioni, ma indebolisce la memoria interna e l'esercizio attivo del ricordo, portando a una comprensione superficiale delle conoscenze e a un'illusione di sapere. Questo mito trova un'eco straordinaria nelle IA generative che, con la capacità di generare testo, immagini, video, musica e chissà cos'altro sembrano promettere un'estensione della nostra capacità di acquisire e manipolare informazioni. Proprio come Thoth, che promuoveva la scrittura come strumento di ampliamento della conoscenza, queste si presentano come un mezzo per accedere rapidamente a un vasto oceano di informazioni. Tuttavia, come Thamus avvertì dell'illusione di conoscenza che la scrittura poteva creare, così dobbiamo essere consapevoli delle limitazioni intrinseche delle IA generative (IAG). Pur essendo una fonte gigantesca di informazioni e creazioni potrebbero portare a una comprensione superficiale, dove l'accesso immediato alle informazioni sostituisce il processo più profondo di apprendimento e riflessione, e al processo creativo viene a mancare un pezzo fondamentale. La conoscenza, infatti, non consiste nella mera somma delle informazioni ma nella rete delle relazioni che si sviluppa *tra* le informazioni. In questo senso, l'uso di tali strumenti rischia di ridurre l'esercizio attivo della memoria e del pensiero critico, qualità fondamentali per la comprensione e la conoscenza. L'implicazione più profonda del mito di Thoth e della risposta di Thamus, quindi, è l'importanza del giudizio critico nel valutare e utilizzare le nuove invenzioni. Le IA generative richiedono una comprensione non solo delle loro capacità ma anche dei loro limiti, oltre che dell'impatto che possono avere sulla nostra cognizione individuale e sociale. La storia ci invita a considerarle non come un avanzamento tecnologico da accogliere acriticamente, ma come un fenomeno che necessita un'esplorazione critica e riflessiva.

Imitare Platone

Platone, pur consapevole delle limitazioni e dei pericoli impliciti nella scrittura, scelse di utilizzarla estensivamente lasciandoci una vasta eredità di opere che hanno finito col plasmare il pensiero occidentale. Il motivo di questa scelta può essere rintracciato nella comprensione di un cambiamento sociale inevitabile e nella necessità di adattarvisi. Accettando la scrittura come *pharmakon*, cura e al contempo veleno, il filosofo greco dimostrò una grande consapevolezza critica nell'approccio: la utilizzò non solo per trasmettere conoscenze ma anche – e, a ben vedere, soprattutto – per stimolare il pensiero critico e la riflessione. Possiamo quindi imparare a relazionarci all'IA imitando (male) il modo in cui Platone si è relazionato con la scrittura.

Con il passaggio da oralità a scrittura cambiò, anche al tempo, il concetto stesso di cultura. Allo stesso modo, con il passaggio dalla scrittura alla IA stiamo assistendo a una rivoluzione nel modo in cui generiamo, interpretiamo e interagiamo con le informazioni. Una rivoluzione di cui, in realtà, sappiamo pochissimo: ogni conoscenza in questo campo è infatti provvisoria. La neuroscienziata cognitivista Maryanne Wolf, che ha studiato l'effetto della scrittura sugli esseri umani,[18] ha spiegato che leggere non è un'attitudine naturale né un processo innato ma un'invenzione culturale. Per leggere facciamo funzionare il nostro cervello in un modo diverso rispetto a quello per cui è stato programmato geneticamente. E, dati alla mano, la lettura profonda tipica dei testi stampati può aumentare la sensibilità sociale, l'empatia, l'attenzione, a differenza di quel che accade quando leggiamo attraverso gli schermi. Eppure Wolf non è apocalittica, ed è consapevole che la lettura su schermo offra altri benefici (la velocità, la relazione tra campi differenti, possibilità innovative di apprendimento: di nuovo, ecco il polo analogico e il polo digitale). Propone quindi l'idea di un «cervello bi-alfabetizzato», che integri la lettura digitale e quella su carta. Questo approccio mira a prendere il meglio da entrambi i mondi, permettendo una lettura che sia a volte lenta e profonda e altre volte veloce e superficiale, adattabile quindi ai diversi contesti in cui viviamo. Questa sembra essere, del resto, la prospettiva più intelligente da assumere nei confronti della IA, che consiste in sostanza nel non agire né da apocalittici né da integrati, bensì da *apocalittici integrati*.

La scrittura e l'IA, doni di Thoth, hanno trasformato radicalmente la diffusione delle idee e la natura stessa della memoria e della trasmissione delle conoscenze. Hanno esteso il dominio di Apollo, dio del sapere e della ragione, permettendo alle parole e alle idee di viaggiare oltre i confini del tempo e dello spazio, creando una sorta di Mnemosine collettiva, una memoria esterna accessibile a tutti. Come Ermes, il messaggero degli dèi, che trasporta le informazioni tra il divino e il mortale, l'IA media tra il vasto oceano di dati e la comprensione umana. Trasforma il modo in cui interagiamo con la conoscenza, ampliando l'orizzonte di ciò che possiamo scoprire e comprendere, e agisce come un nuovo tipo di *pharmakon*, capace di potenziare e al tempo stesso sfidare le nostre capacità cognitive. Questa trasformazione è profonda e pervasiva, e incide su ogni aspetto della conoscenza umana, dalla sua creazione alla sua conservazione. Sta a noi dosarla e capire se e quando usarla, per non finire col farci semplicemente usare. Per farlo è utile tornare alla nostra ricapitolazione di come, nel corso della storia, abbiamo sognato e, quindi, generato l'IA.

Da Prometeo a Talos

Se Omero nell'*Iliade* (VIII sec. a.C.) immagina già robot semoventi e androidi intelligenti, quali altre macchine intelligenti dobbiamo aspettarci nell'antichità? Una delle più famose si chiama Talos e ce ne parla Apollonio Rodio nelle *Argonautiche* (III sec. a.C.), il poema che racconta le gesta di Giasone e dei suoi compagni di viaggio verso la Colchide per prelevare il mitico vello d'oro. Durante questo viaggio, particolarmente irto di pericoli e avventure, gli eroi del poema ellenico incontrano Talos, gigante di bronzo che difende l'isola di Creta dai nemici:

> Ma Talos, l'uomo di bronzo, scagliando pietre
> da una solida roccia, impedì di gettare a terra
> le gomene, quando furono giunti al porto Ditteo.
> Era questo il solo rimasto dei semidei
> della razza di bronzo, che era nata dai frassini
> e Zeus l'aveva dato ad Europa come guardiano dell'isola,
> che percorreva tre volte coi piedi di bronzo.[19]

Un personaggio che anche Borges ricorda nel suo *Manuale di zoologia fantastica*. Un robot, quindi, che si muove in maniera autonoma, e quindi una IA.

Un robot che solo la maga Medea, novella sposa di Giasone, riuscirà a combattere in una storica disputa tra magia, scienza e tecnologia che troveremo più volte nell'antichità ma anche nel presente. Ricordate l'aforisma di Arthur C. Clark, lo scrittore di fantascienza a cui si deve il romanzo *2001: Odissea nello spazio*? «Qualunque tecnologia sufficientemente avanzata è indistinguibile dalla magia».

In fin dei conti, anche il più famoso essere inanimato che prende vita, Pinocchio (*Le avventure di Pinoc-*

chio di Carlo Collodi, 1881), è il frutto di un artefice, Geppetto, che solo per intercessione delle arti magiche dispensate dalla Fata Turchina può finalmente diventare umano. La magia – certo! – ma anche l'istruzione. Ancora una volta l'essere artificiale diventa intelligente attraverso un *training*: la scuola. Le informazioni che vengono introiettate poco alla volta vengono gestite (elaborate) e poi, per il tramite di un magico soffio vitale, la creatura artificiale divenuta intelligente si trasforma in essere umano, o almeno in un doppio dell'essere umano. Proprio come il piccolo protagonista di *A.I. – Intelligenza Artificiale* (2001), il film di Steven Spielberg che ha come protagonista un bambino artificiale e che tanto deve alle rocambolesche avventure del burattino più famoso di sempre.

Il prestigio e la magia

Allo scopo di gettare le basi per una comprensione culturale della IA vale dunque la pena chiedersi: si tratta di un gioco di prestigio o di una magia? È il frutto di un illusionismo o la manifestazione di un mondo *altro*? La risposta non è così semplice. Cominciamo dal distinguere le due cose, illusionismo e magia. L'illusionismo è l'arte di ingannare i sensi, facendo credere al pubblico che ciò che sta vedendo sia reale. La magia, invece, si presenta come una forza misteriosa e inspiegabile, che va oltre la comprensione razionale. Nell'illusionismo ci si stupisce della capacità del mago di *nascondere l'inganno*, mentre nella magia ci si stupisce della sua capacità di *manifestare il magico*. Applicando le suddette categorie alla IA possiamo esplorare come la tecnologia contemporanea alterni spesso queste due facce. L'IA odierna, infatti, impiega algoritmi sofisticati per simulare intelligenza e comprensione. Come un illusionista che manipola abilmente la percezione, l'IA elabora dati, riconosce *pattern* e produce *output* che appaiono intelligenti. Per esempio, quando un assistente virtuale risponde a una domanda complessa, sta in realtà eseguendo una serie di calcoli pre-programmati che offrono l'impressione di una comprensione del contesto. Nonostante il loro aspetto sofisticato, i chatbot non comprendono realmente il significato delle parole o delle frasi. Creano l'illusione di una conversazione reale attraverso la simulazione di risposte umane basate su *pattern* riconosciuti nei dati di addestramento. Alcuni assistenti virtuali possono adattarsi alle preferenze dell'utente, migliorando ulteriormente l'illusione di interazione personale. Per esempio, Alexa e Siri possono ricordare preferenze musicali o programmi preferiti. Discorso affine a quello dei sistemi di riconoscimento facciale, che danno l'illusione che l'IA «riconosca» le persone. Tuttavia, ciò che accade realmente è una complessa analisi di *pattern* e corrispondenze numeriche: l'IA non possiede una comprensione consapevole, ma è in grado di identificare somiglianze basate su dati statistici. Il modello non «comprende» il testo nel modo in cui un essere umano lo farebbe; piuttosto, utilizza le relazioni statistiche nei dati su cui è stato addestrato per generare traduzioni. Ma arriva a compiere operazioni e ad assumere capacità in maniere incomprensibili agli stessi tecnici, che in diversi casi si limitano a prenderne atto, senza avere idea di come sia accaduto.

Proprio come un illusionista, l'IA manipola i dati e le percezioni apparendo in certi casi più «intelligente» di quanto realmente sia. D'altra parte l'illusionismo della IA si basa, al contrario, su una facciata semplice e accessibile che nasconde un'enorme complessità tecnica sottostante. Gli utenti vedono solo l'interfaccia *user-friendly* e le risposte efficaci, e non percepiscono i complessi processi algoritmici che operano dietro le quinte. In questo modo soddisfa e manipola le aspettative degli utenti, fornendo risposte e soluzioni che sembrano intuitive e naturali sfruttando i loro preconcetti e le loro conoscenze pregresse. Questo illusionismo può indurre le persone a fidarsi eccessivamente della tecnologia, ignorando i suoi limiti e le dipendenze che sviluppa dai dati e dagli algoritmi.

Percepirla soltanto come magia potrebbe indurre a una fiducia cieca e a una vera e propria *devozione* nei suoi risultati. Attenzione, quindi, a non trattare il digitale da analogico, il tecnologico da divino, il compagno da padrone. Si tratta di quel *dataismo* lungamente criticato da Calasso:

> Con l'apparizione dei transumanisti, i secolaristi hanno svelato quella che da sempre era la loro mira: non accantonare il religioso, ma incorporarlo, usandolo ai propri

> fini. Era questo il loro piano occulto, che ora finalmente può diventare esplicito, grazie al soccorso della tecnologia. Prima mancavano i mezzi.[20]

Ora i mezzi non mancano più: quando, infatti, l'IA evolve verso modelli complessi come il *deep learning*, i processi interni diventano opachi anche per i suoi creatori, producendo risultati che sfidano la spiegazione razionale, assumendo un'aura di mistero e potere. Ma il fatto di non comprendere in che modo si genera qualcosa di «vero» non implica che ci si debba sottomettere a ciò che produce quel sapere. Dobbiamo ricordarci l'esempio del Thamus platonico, e non lasciarci trasformare da potenti faraoni a impotenti sudditi.

La scatola nera

Con l'evoluzione della IA, dicevamo, specialmente nei modelli avanzati che utilizzano il *deep learning*, i processi interni diventano sempre meno comprensibili per noi umani. Questa «scatola nera» rappresenta un punto in cui l'IA supera, in parte, la capacità di comprensione dei suoi creatori, assumendo un carattere a tutti gli effetti enigmatico. Come la magia che sfida le spiegazioni razionali, la scatola nera della IA produce risultati imprevedibili e talvolta sorprendentemente efficaci. La capacità di generare intuizioni o previsioni che sfidano la comprensione logica le conferisce un'aura di mistero e potere che va oltre la semplice tecnologia. Nella sua fase assimilabile alla magia, l'IA appare come una fonte di conoscenza superiore e arcana, in grado di fornire risposte e soluzioni che sembrano derivare da una saggezza trascendente.

In che modo accade? Nei modelli di *deep learning* sopracitati l'IA apprende attraverso reti neurali artificiali che imitano (parzialmente, com'è d'uopo) il funzionamento del cervello umano. Queste reti sono formate da numerosi strati (da qui il termine *deep*), ciascuno dei quali elabora i dati in modo sempre più astratto e sofisticato. Per esempio, un modello può essere addestrato su milioni di immagini per imparare a riconoscere oggetti specifici come gatti, automobili o volti umani. Man mano che il sistema elabora questi dati, sviluppa *pattern* complessi per identificare e classificare nuove immagini basate su quelle precedenti. Un sistema IA addestrato su milioni di radiografie può diagnosticare malattie con un'accuratezza sorprendente, talvolta superiore a quella dei medici umani, e il processo attraverso cui arriva a queste diagnosi può essere molto difficile da decifrare, specialmente in casi complessi. In presenza di lesioni o tumori molto rari, l'IA può identificare *pattern* che non sono evidenti ai medici umani. Spiegare come il modello abbia riconosciuto tali *pattern* può risultare impossibile, dato il numero estremamente elevato di variabili coinvolte nel processo decisionale. Mentre un medico potrebbe individuare solo segni evidenti della malattia, l'IA può rilevare *pattern* invisibili all'umano. Quando si cerca di capire come abbia raggiunto questa diagnosi, si scopre che il sistema ha analizzato centinaia di caratteristiche diverse e ha trovato correlazioni che non sono sempre comprensibili o spiegabili. Questo rende difficile, se non impossibile, decifrarne il processo decisionale e spiegare esattamente come e perché sia stata prodotta una determinata diagnosi corretta. La «scatola nera» della IA rappresenta un punto in cui la tecnologia supera, almeno in parte e per il momento, la capacità di comprensione dei suoi creatori. È cruciale, quindi, mettere in guardia dal confondere illusionismo e magia, mostrando i limiti e le potenzialità dell'uno e dell'altra. Confonderli può portare, infatti, a gravi rischi: il primo è l'eccessiva fiducia nella tecnologia. Se vediamo l'IA come una sorta di magia infallibile, possiamo attribuirle un'autorità immotivata e fare affidamento su di essa senza il dovuto spirito critico. L'aura di mistero che circonda questi sistemi può portarci a sviluppare una deferenza eccessiva, delegando porzioni crescenti di libertà, senso e creatività. D'altra parte, riconoscerne le potenzialità reali può aprire nuove strade per l'innovazione e il progresso: la capacità di analizzare grandi quantità di dati e identificare *pattern* invisibili all'occhio umano offre opportunità straordinarie, accelerando per esempio la scoperta di nuovi materiali e farmaci o ottimizzando i processi produttivi. È fondamentale, quindi, bilanciare l'entusiasmo con una comprensione critica delle sue limitazioni. Dobbiamo sviluppare strumenti e metodologie per aprire la «scatola nera» e rendere i processi decisionali della IA più trasparenti e comprensibili, tutelando al contempo, con ogni mezzo, il polo analogico dall'assalto digitale.

2
Macchine intelligenti

Siamo sicuri che solo la letteratura sia stata in grado di proporre degli automi nell'antichità? Ebbene, la tradizione delle macchine era ben radicata già allora. Basti pensare al *deus ex machina* della tradizione del teatro greco della classicità (V sec. a.C.). E proprio la *machina* è il fulcro della trattazione di uno dei libri più famosi del mondo latino, quel *De Architectura* di Vitruvio che apre uno scorcio sulle macchine, i macchinari, gli edifici e le tecniche di costruzione; diremmo oggi le discipline politecniche di architettura e ingegneria. Nella sua opera distingue tra *machina* e *organum*, laddove *machina* è la macchina composta che ha bisogno di più operatori per funzionare, come le grandi macchine da guerra, mentre *organum* indica le macchine più semplici che funzionano anche con un solo operatore. Vitruvio enumera un certo numero di macchine da guerra, ma anche un certo numero di macchine a scopo civile, mostrando così come nell'antichità si avesse già una discreta varietà ingegneristica. Macchine, quindi, non automi. Ma anche questi ultimi non mancano. Una delle testimonianze più rimarchevoli è quella che ci fornisce Cicerone nel *De Re Publica*. Racconta infatti Cicerone che il console Marco Claudio Marcello sia entrato in possesso di un oggetto strabiliante appartenuto a suo nonno, che lo aveva portato a Roma dopo l'assedio di Siracusa. Si tratta di un oggetto meccanico attribuibile ad Archimede: una sfera di metallo che funge da calendario. Di macchine simili ce ne sono diverse in circolazione, ma questa che viene attribuita al genio di Archimede può essere considerata un vero e proprio antecedente del computer moderno:

> Ma la straordinarietà dell'invenzione di Archimede stava nel fatto che egli aveva escogitato un meccanismo per il quale una rotazione unica manteneva, nonostante la grande differenza di moto, orbite disuguali e varie. Quando Gallo muoveva questa sfera accadeva che la luna si ponesse sotto il sole con un numero di giri nel bronzo quanti sono i giorni che gli occorrono nel cielo: di conseguenza nella sfera si verificava la medesima scomparsa del sole e la luna allora veniva a trovarsi nel cono d'ombra della terra, quando il sole dalla parte opposta...[21]

Per alcuni, la misteriosa macchina è il meccanismo di Antykhitera, ritrovato all'inizio del secolo in un mercantile affondato al largo tra Creta e il Peloponneso e ora ospitato dal Museo Archeologico Nazionale di Atene.

Il meccanismo di Antykhitera.

Ma che si tratti realmente dell'originale macchina di Archimede o di una copia, o ancora di una macchina simile, in ogni caso ci imbattiamo già più di duemila anni fa in macchine complesse, all'intersezione tra saperi filosofico-scientifici e manualità artigianale.

E, infatti, il sapere tecnico dell'antichità sembra che fosse tutt'altro che trascurabile. Le fonti storiche ci riportano i casi di artefici ingegnosi che erano in grado di stupire con i loro marchingegni elaborati. Parliamo di oggetti come la colomba di Archita o le macchine semoventi, a corda o a vapore, di Erone Alessandrino.

La storia riporta poi i nomi di Ctesibio e di Filone di Bisanzio. Erano meccanici (o meglio «automatari») e filosofi, tant'è che fu proprio Erone a scrivere uno dei primi trattati sugli automi dal titolo *Perì Automatopoietiches.* Dall'antichità al Medioevo fino al Rinascimento, l'Illuminismo e l'età moderna, e con l'esplodere delle mac-

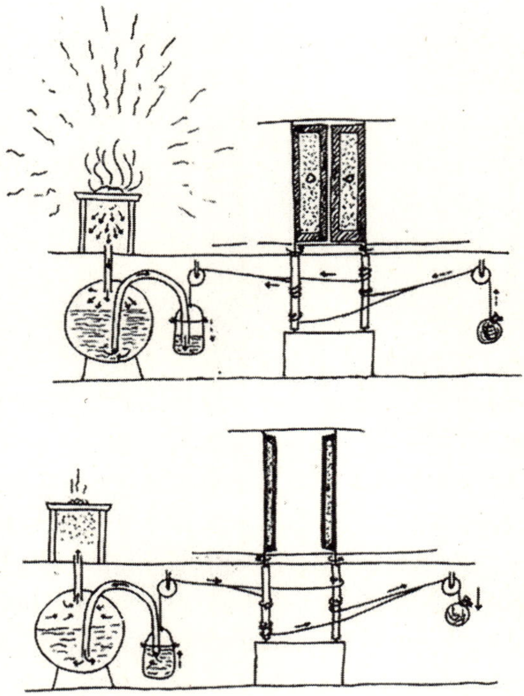

Una delle macchine di Erone Alessandrino.

chine in epoca industriale, possiamo osservare un numero sempre crescente e sempre più raffinato, di macchine: dai calendari agli orologi, dai clavicembali simbolici ai carillon, i giardini animati con le grotte di Pratolino costruite da Bernardo Buontalenti per il granduca Francesco I di Toscana, i sistemi di irrigazione dei giardini barocchi, le macchine scenografiche dello stesso periodo, e prima ancora le famose macchine di Leonardo da Vinci. E poi le bambole che si muovevano e addirittura parlavano. E quindi, ancora una volta, gli automi e i robot.

A proposito di automi

Gli automi, come quelli di Efesto descritti da Omero o come Talos, sono quindi «imitazioni» di esseri umani. Magari più grandi o più potenti, spesso frutto delle arti magiche. Macchine che imitano l'uomo, il suo corpo ma anche la sua capacità di ragionamento. Di robot è intrisa la letteratura antica e moderna: basti pensare alla leggenda del Golem. Il Golem è una figura della mitologia ebraica; ne troviamo traccia nella *Cabala*, e poi il suo mito attraversa il Medioevo e arriva fino ai giorni nostri. Si rifanno al Golem sia il romanzo *Il Golem* di Gustav Meyrink, sia il film omonimo, a esso ispirato, capolavoro dell'avanguardia dell'espressionismo tedesco firmato da Paul Wegener e Henrik Galeen, entrambi del 1915. Il Golem, in fin dei conti, è una statua. Una statua che prende vita. Proprio come il «convitato di pietra» del *Don Giovanni* di Wolfgang Amadeus Mozart, il dramma giocoso del 1787 che narra le avventure del nobile Don Giovanni e le sue conquiste amorose fino alla morte dovuta proprio a una statua funebre che prende vita: quella del Commendatore che, una volta invitato a cena dall'audace protagonista, sfida il coraggio del nobile il quale, pur di non mostrarsi vile, accetta di stringere la mano alla statua vivente e continua a rifiutare di pentirsi dei propri peccati. A questo punto divampa un fuoco infernale e demoni e diavoli portano via il corpo e l'anima di Don Giovanni.

La lista degli automi letterari sarebbe davvero lunga; ci limitiamo a menzionare il racconto *L'uomo del-*

la sabbia (1815) di Hoffman, la novella *La Venere d'Ille* del 1837 di Prosper Mérimée e persino un racconto per l'infanzia come *L'isola degli automi* di Luigi Capuana del 1906.

Si racconta che già in epoca medioevale Alberto Magno fosse stato in grado di costruire un pregevole quanto perfezionatissimo androide la cui leggenda, come anticipato, attraversa il Medioevo e arriva fino all'epoca moderna, citato in ben due occorrenze anche da Giacomo Leopardi. Si tramanda che l'androide venne distrutto da san Tommaso poiché rappresentava il parto di una magia diabolica. Automi sono anche i mori a Venezia, le maestose figure che segnano l'ora percuotendo con i loro martelli le campane di piazza San Marco. Dopo le famose macchine di Leonardo, è nel diciottesimo secolo che esplode la moda degli automi. Tra il 1709 e 1782 vedono la luce i famosi automi e i meccanismi di Jacques de Vaucanson, così come quelli di Friedrich von Knauss, austriaco, o quelli degli svizzeri Pierre e Henri Louis Jaquet-Droz. E ancora, gli automi del francese Maillardet. Tutti operanti nel Settecento. Tutti «artefici» nei cui laboratori si trovano ingranaggi sempre più complessi, orologi, carillon e vere e proprie figure robotiche come i noti animali di Vaucanson.

Mentre nell'Ottocento sono all'opera il tedesco Johann Bartholomé Rechsteiner, l'illusionista Jean Eugène Robert Houdin e Gaston Descamps.

E, infine, gli automi imperversano nella fantascienza a partire dalla fine dell'Ottocento e poi per tutto il No-

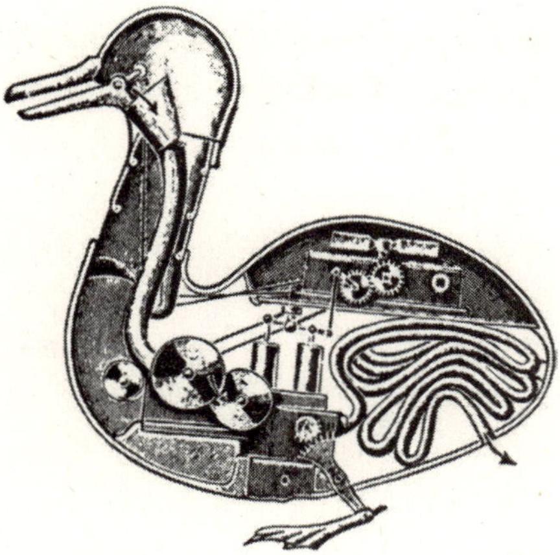

L'anatra meccanica di Vaucanson.

vecento. Pensiamo ai racconti di robot di Eando Binder o di Stanislaw Lem. In questo caso parliamo di un immaginario che si salda profondamente con la seconda rivoluzione industriale e, soprattutto, con il secolo che vede l'emergere della nuova rivoluzione scientifica e tecnologica: quella del digitale. Ed è qui che la letteratura, ancora una volta, ha saputo esprimersi al meglio confrontandosi con la tecnologia, anticipandone i risultati ma soprattutto gli impatti possibili. È infatti nella seconda metà del Novecento, quando ancora siamo ai balbettii della cibernetica e dell'informatica, quando si parla di cervelli elettronici ma si tratta di chimere ben di là da venire… ecco, in quei tempi il genio letterario di Isaac Asimov comincia a comporre un mosaico sfaccettato di racconti e romanzi con al centro la figura dei robot. È talmente affascinato da queste creature artificiali dotate di intelletto che prefigura una serie di norme etiche e giuridiche che ne definiscano l'utilizzo e l'autonomia. Le famose «leggi della robotica» di Asimov non sono solo un monumento letterario sulla IA, ma anche un modello sul successivo dibattito etico e giuridico, ancora oggi osservato e commentato dal mondo scientifico:

1. Un robot non può recar danno a un essere umano né può permettere che, a causa del suo mancato intervento, un essere umano riceva danno.
2. Un robot deve obbedire agli ordini impartiti dagli esseri umani, purché tali ordini non vadano in contrasto alla Prima Legge.
3. Un robot deve proteggere la propria esistenza, purché la salvaguardia di essa non contrasti con la Prima o con la Seconda Legge.

Interessante da notare è anche la vasta varietà di robot donne. La prima è ancora un mito dell'antichità, e vede protagonista quel dio degli inferi, Efesto, che abbiamo già incontrato nell'*Iliade*. È proprio il dio, conosciuto anche con il nome di Vulcano, a generare Pandora. La donna umana da lui creata, infatti, è la mitologica figura custode del vaso affidatole da Zeus e contenente tutti i mali del mondo. Vaso che però viene aperto a causa della sua curiosità, sprigionando nel mondo male e dolore. Uno dei primi miti misogini dell'antichità è così legato anche al mito della creazione artificiale; un fatto che ci costringe a riflettere ancora più intensamente sulla questione dei *bias* che infestano le IA contemporanee.

Bias e IA

I bias sono pregiudizi o inclinazioni sistematiche che influenzano il giudizio e il comportamento umano, spesso in modo inconscio. Nella progettazione e nell'uso delle IA, i bias possono manifestarsi attraverso dati di addestramento che riflettono pregiudizi umani esistenti o attraverso algoritmi che amplificano queste tendenze. Un esempio emblematico di bias è rappresentato dai sistemi di riconoscimento facciale, che spesso mostrano una maggiore accuratezza nel riconoscere volti maschili rispetto a quelli femminili. Questo divario può essere attribuito a un'ineguale rappresentanza dei dati durante la fase di addestramento, dove i volti maschili sono stati sovrarappresentati rispetto a quelli femminili. Di conseguenza, le IA addestrate su questi dataset imparano meglio a riconoscere caratteristiche maschili, penalizzando così le donne. Il problema dei bias nelle IA non si limita solo al riconoscimento facciale. Per esempio, gli assistenti virtuali con voce femminile sono spesso programmati per rispondere in modo servizievole e docile, perpetuando stereotipi di genere. Questo non solo rafforza visioni antiquate dei ruoli di genere, ma può anche influenzare il modo in cui le persone interagiscono con la tecnologia e, per estensione, tra loro.

I bias dimostrano, ancora una volta, come la questione tecnologica sia prepotentemente una questione legata alla cultura, da affrontare con la consapevolezza del nostro patrimonio culturale che si dispone come un vero e proprio DNA che spiega, anticipa, indirizza la scienza e la tecnologia. Laddove le donne non sono rappresentate come *sante*, vengono descritte come *streghe*.

Non fanno eccezione le donne robot, solitamente piuttosto perfide, a partire dalla *Venere d'Ille* di Prosper Mérimée per poi passare a quella che si immagina creata dallo stesso Thomas Alva Edison, forse il più famoso inventore degli inizi del Novecento, nel romanzo di Auguste Villiers de l'Isle-Adam dal titolo *Eva futura*. Donna è anche il robot progettato dallo scienziato pazzo ingaggiato dal padrone della città nel romanzo *Metropolis* di Thea von Harbou (1925), trasposto al cinema a opera di Fritz Lang nell'omonimo film del 1927 (opera, anche in questo caso come nel citato *Golem*, riconducibile al movimento dell'espressionismo tedesco cinematografico). Ma donna è anche lo strano caso della IA immaginata da Dino Buzzati. Una serie di costruzioni, un'architettura razionale simile a una colossale centrale elettrica è la sembianza che viene data al cervello di una donna ne *Il grande ritratto* (1960).

Si tratta della rappresentazione artificiale di Alessandra Marla, moglie defunta di Erasmo Marla, il capo di un progetto segreto del governo che intende generare un'IA, un «grande ritratto» della coscienza e della personalità umana.

Fisiologia dei robot

Ma se i robot, gli automi, gli androidi e poi i cyborg rispondono all'idea di «imitazione», ciò è reso possibile dagli studi di anatomia, fisiologia e neuroscienze. È Cartesio che innesca la scintilla moderna che spinge verso la creazione di macchine capaci di una certa autonomia, e lo fa nel momento in cui paragona l'essere animale a quello meccanico. Cartesio infatti suggerisce che gli animali siano *automaton*, cioè eseguano comportamenti basati su risposte meccaniche e non agiscano mossi da volontà e, quindi, coscienza. L'animale e la macchina potrebbero essere accomunati proprio da questa istanza, non avere una coscienza ma rispondere meccanicamente a degli stimoli. Evidentemente per gli animali le cose non sono così semplici (tutt'altro!), ma tant'è, il parallelismo può sprigionare ricerche e input impensabili. Perché questo semplice concetto, peraltro basato su un'osservazione errata del mondo animale (lo ripetiamo), anticipa alcune idee sulla IA: suggerisce, cioè, che i comportamenti complessi possano essere il risultato di meccanismi automatizzati. Questo paragone apre di fatto le porte a una nuova e più accurata attenzione all'anatomia, come testimonia il caso di Vasaglio o la teoria dell'uomo macchina di Julien Offray de La Mettrie che così ampia fortuna avrà durante l'Illuminismo. È proprio La Mettrie con la sua opera *L'uomo macchina* del 1747 a gettare le basi per una idea di IA che è stata definita l'IA «forte»: la possibilità di progettare un cervello artificiale e donargli ogni conoscenza possibile in modo da farlo diventare intelligente. La Mettrie porta avanti il pensiero materialista di Cartesio e getta così le basi per un radicale materialismo meccanicista. La sua scandalosa posizione, che gli frutta anche l'esilio dalla Francia in direzione Berlino presso la corte di Federico di Prussia, è che non solo gli animali sono dei meccanismi, ma lo stesso uomo è una macchina e funziona come tale. Già in La Mettrie si consolida il desiderio materialista di poter replicare ogni organo, ma anche ogni funzione dell'essere umano, intelligenza compresa. È il sogno di Marvin Minsky (sì, sempre lui!), alla ricerca di un modello di IA che si configuri come un doppio del cervello umano, il quale parte dal presupposto che la mente non sia altro che una successione di stati discreti.

Possiamo affermare che la storia della IA inizi qui, da questo presupposto meccanicista, e arrivi fino alla teoria del cyborg che, in qualche modo, basandosi su una possibile equiparazione tra uomo e macchina, definisce nuovi paradigmi a partire dall'ibridazione tra macchina e umano.

Il giocatore di scacchi

10 febbraio 1996. Ci troviamo in un centro congressi di Philadelphia. L'ospite più atteso è il campione del mondo di scacchi, il russo Garry Kasparov che sfida un avversario particolare: un computer. Nello specifico Deep Blue, una IA progettata dalla IBM. Con grande sorpresa di tutti sarà Deep Blue a vincere e sconfiggere il navigato Kasparov. Già Turing aveva avvertito che proprio la scacchiera avrebbe potuto essere il campo di addestramento privilegiato delle macchine intelligenti. Gli scacchi sono, infatti, un gioco strategico costruito su uno schema logico e un numero di funzioni limitato

e specifico. Eppure nessuno, nel febbraio del 1996, si sarebbe aspettato un risultato a favore della macchina, anche perché notoriamente gli scacchi sono un gioco per persone «intelligenti». Sulla base delle capacità logiche e analitiche, nel giocare a scacchi si è spesso misurato il quoziente intellettivo degli esseri umani.

Ma facciamo un passo indietro, esattamente nel 1836, quando lo scrittore americano Edgar Allan Poe pubblica *Il giocatore di scacchi di Maelzel*. Un racconto anomalo rispetto ai suoi canoni: non si tratta sicuramente di un'opera riconducibile ai suoi generi come il grottesco e il terrore. Forse si avvicina di più al genere investigativo. Poe gioca a fare il giornalista (lavoro che effettivamente svolgeva) e investiga sulla meraviglia che arriva negli Stati Uniti dall'Europa. Un automa famoso, il giocatore di scacchi, detto anche il «Turco» per via della figura di questo mezzo busto assiso su un'ampia cassa sottostante: il volto è infatti segnato da un ampio paio di baffi, e il capo è coperto da un turbante che dona all'automa un sapore esotico.

Il giocatore di scacchi di Maelzel.

Costruito dal famoso realizzatore di automi von Kempelen e quindi acquistato da Maelzel, fa mostra di sé in un tour spettacolare per le maggiori città degli Usa. La meraviglia che aleggia intorno a questa macchina risiede nella sua incredibile capacità di giocare a scacchi. E pure bene! Un vero e proprio mistero tecnologico. Una vera e propria IA. Ancora una volta, ciò che contraddistingue la macchina intelligente è lo stupore, quella meraviglia già vista in Omero e che definisce bene il nostro rapporto con la tecnologia. E infatti Poe ci avverte come «Forse mai nessuna esibizione del genere ha suscitato l'attenzione generale che suscitò il giocatore di scacchi di Maelzel».[22] Quello che chiediamo alle macchine è sicuramente efficienza ma non va sottovalutata la loro capacità di stupirci, di fare spettacolo (pensiamo ai continui «lanci» pubblicitari delle nuove incredibili funzioni delle IA generative).

Il giocatore di scacchi sembra essere la «macchina perfetta», come la definisce lo stesso scrittore descrivendo il clamore suscitato da questo oggetto particolare. Con un fare da giornalista investigativo Poe osserva, investiga, analizza la famosa macchina. La pone all'interno di una storia degli automi che può vantare macchine straordinarie e sorprendenti come la carrozza di Camus realizzata per far divertire Luigi XIV quando era un bambino, o ancora il mago ideato da Maillardet e forse la più famosa di tutte, l'anitra di Vaucanson. Eppure qualcosa non quadra: attingendo al suo spirito critico fuori dal comune, così come a un innato spirito d'osservazione, Poe disvela il mistero del giocatore. Nell'ampia cassa che sostiene il mezzo busto del Turco, tra rotelle e meccanismi vari si cela, nascosto da un sapiente gioco di specchi, un uomo che, attraverso una serie di furbi accorgimenti, muove l'automa, giocando effettivamente le partite di scacchi.

Poe forse nemmeno se ne accorge ma con questo sapido racconto ci offre una lettura filosofica del rapporto tra l'essere umano e le tecnologie. Proviamo a sintetizzarla così: dentro a ogni tecnologia si nasconde l'umano. Non esiste una tecnologia distinta dall'essere umano. Che sia uno strumento che amplifica le nostre funzioni o che sia un complesso meccanismo che potenzia il cervello e quindi l'intelligenza, essere umano e tecnologie sono inequivocabilmente connessi l'uno all'altro. E questo vale ancor più per le tecnologie digitali, e nello specifico per le macchine intelligenti che sono tali solo nel rapporto di interdipendenza con l'essere umano.

Io, Robot

Ecco allora che la storia dei nostri automi può arricchirsi di una componente nuova e decisamente interessante alla luce dell'idea di IA. Gli automi, cioè, che nascono già con una componente organica, che vivono nella simbiosi o nell'ibridazione tra l'uomo e la macchina. La parola stessa «robot» deriva da un dramma scritto dal letterato ceco Karel Čapek. Nella sua *pièce* *R.U.R.* una serie di scienziati del futuro trova il modo di replicare organicamente gli esseri umani. Questi nuovi esseri artificiali sono quindi organici, fatti di carne e sangue, tanto per capirci. Sono però al servizio degli esseri umani originali e non possono procreare. Vengono quindi destinati ai lavori pesanti, e diventano i perfetti operai. La stessa parola «robota» in ceco significa lavoro pesante, servo della gleba, schiavo. *R.U.R.* dialoga con le istanze di un pensiero critico sulla macchina in grado di disumanizzare l'essere umano o sostituirlo nelle sue funzioni più basilari, ma anche in alcune prerogative sempre più «intelligenti». Dalle riflessioni di Karl Marx sulle macchine e in generale la tecnologia fino ai vari interventi di Ernst Jünger, di Oswald Spengler e di Martin Heidegger, è un filone di pensiero che trova una sua sintesi plastica nell'ingranaggio che ingloba il povero Charlot in *Tempi moderni* (1936) di Charlie Chaplin. Il secolo dell'industrializzazione e della macchinizzazione inizia a riflettere in maniera approfondita sul tema del soggiogamento dell'uomo alla macchina, del rapporto sempre più stretto e simbiotico che implica anche una perdita di terreno nei confronti di quelli che prima erano semplicemente strumenti. Tutto il dibattito che contrassegna i nostri giorni sull'invadenza delle macchine intelligenti nelle sfere dell'amministrazione e della creatività trova le sue radici in altri tempi, e definisce un percorso critico a cui spesso non poniamo la dovuta attenzione, che invece sottende e ripercorre come un fiume carsico proprio il senso delle macchine per noi occidentali.

Il Turco di Poe vive e può vantare intelletto perché è animato dall'essere umano. Così come il Golem torna in vita grazie al segno grafico di un rabbino. Un segno grafico che si sostituisce al soffio vitale. E così come l'elettricità, il simbolo della seconda rivoluzione industriale, è il soffio vitale che anima il mostro del dottor Frankenstein nel *Frankenstein* di Mary Shelley (1818). In fin dei conti, anche il poeta americano Walt Whitman nel suo *Foglie d'erba* (1855) avvertirà il portato rivoluzionario dell'elettricità nel suo verso «Io canto il corpo elettrico». *Frankenstein*, invece, rappresenta quella paura della macchina, tutta insita nel Romanticismo, che segue la sbornia positivista dell'Illuminismo. E proprio la macchina non è altro che un «mostro», perché assembla parti umane e non umane e vive dello spirito del barone egocentrico e maniacale (è lo scienziato pazzo per antonomasia). Il mostro semiumano (e, quindi, semi-nonumano) prende vita per via di un complicato sistema di scariche elettriche, che lo rende il corrispettivo industriale dell'*homunculus* medioevale e quindi parte uomo e parte macchina. Ma, soprattutto, «artificiale». È l'intelligenza che latita ma, proprio come la macchina bambina che caratterizza la riflessione di Turing, il mostro inizia a imparare: ascolta, dialoga, comincia a parlare, a leggere, a costruire un sistema di riferimento per comprendere il mondo e persino per avanzare le proprie istanze. E, nello specifico, esprime un desiderio profondamente umano: avere una compagna, una sposa. In questo modo l'essere artificiale accede anche a una sfera emozionale e affettiva che indica uno stato avanzato di sviluppo psicologico.

I robot organici sono quindi alla confluenza tra quanto è macchinico e quanto è umano; rappresentano quell'ibridazione che, sola, spiega il rapporto uomo-macchina. Ma soprattutto indicano la via per una nuova convergenza che parte dall'imitazione e confluisce nella simbiosi. Solo in questa dimensione può essere spiegata la strada che porta all'idea di IA.

A ben vedere, già Talos in effetti non era solo bronzo. Celava infatti una dimensione organica:

> Di bronzo infrangibile era tutto il suo corpo
> e le membra, ma sulla caviglia, al di sotto del tendine,
> aveva una vena di sangue, e la copriva
> una sottile membrana che era per lui vita e morte.[23]

L'homunculus e il cyborg

Vena e sangue. E una sottile membrana. Il segno di uno scambio tra ferro e carne che fa lievitare sia racconti che ricerche in un interscambio serrato tra scienza e fantascienza che contraddistingue gli ultimi sessanta anni.

Qualcuno ha anche dettato le regole per creare un uomo artificiale. Un piccolo uomo artificiale, l'*homunculus* citato in precedenza, la leggendaria forma di vita creata nei laboratori alchemici. Figura che ricorre più volte in testi di scienziati e di scrittori del 1300.

Ma ecco la ricetta contenuta nel volume *De Rerum Natura* del 1537 a firma di Paracelso:

> Se lo sperma, racchiuso in un vaso ermeticamente sigillato, viene sepolto in letame di cavallo per circa quaran-

L'*homunculus* alchemico.

ta giorni, e appropriatamente «magnetizzato», comincia a vivere e a muoversi. Dopo questo tempo presenta una forma rassomigliante a un essere umano, ma sarà trasparente e senza un corpus. Se adesso viene artificialmente nutrito con l'*arcanum sanguinis hominis* finché abbia circa quaranta settimane, e se durante questo tempo può restare in letame di cavallo a temperatura eguale, diverrà un bambino umano, con tutte le membra sviluppate al pari di un altro fanciullo nato da una donna, solo che sarà molto più piccolo. Chiamiamo un essere simile un *homunculus*, ed egli può essere allevato ed educato al pari di un altro bambino, finché diviene grande, ottiene ragione e intelletto e può prendere cura di se stesso. Questo è uno dei maggiori segreti e dovrebbe rimanere segreto fino ai giorni in cui tutti i segreti saranno conosciuti.[24]

Se l'*homunculus* è un organismo artificiale che deve essere cresciuto (e quindi istruito) per diventare maturo e intelligente, altra è la strada del cyborg. Il termine cyborg deriva dalla crasi tra i termini *cybernetic* e *organism*, quindi un organismo cibernetico. Il vocabolo inizia a circolare, prima che nella fantascienza, in medicina, usato per definire i corpi potenziati e quindi la ricerca nel campo della bionica. Gli scienziati Manfred E. Clynes e Nathan S. Kline lo usano per definire l'oggetto specifico della loro ricerca, un essere umano potenziato con le tecnologie al fine di adattarlo ai viaggi spaziali. L'immaginario cyborg è fatto di innesti e protesi, e si iscrive all'interno di una rilettura dell'evoluzionismo darwiniano. Il cyborg rappresenterebbe uno stadio evolutivo nuovo, in cui la tecnologia entra direttamente nel corpo potenziando gli arti e, teoricamente, anche le funzioni cerebrali. L'IA immaginata dal cyborg è frutto di una simbiosi totale tra uomo e macchina.

Simbiosi

Nel 1960 il matematico Joseph Licklider inizia a interessarsi di reti e connessioni. In pratica, prova a immaginare di mettere i computer in comunicazione tra loro, così da arrivare a quella forma di rete che, di lì a qualche anno, sarebbe poi diventata Arpanet e in seguito Internet. Ancor più interessante è che per parlare di questo sistema di connessione tra uomini e macchine Licklider propone la definizione di «simbiosi», termine che trae direttamente dalla biologia e che sta a indicare qualsiasi tipo di interazione biologica stretta e a lungo termine tra due diversi organismi biologici, che sia mutualistica, commensalistica o parassitaria. Insomma, Licklider, in maniera possiamo ben dire rivoluzionaria, introduce un termine biologico per parlare di macchine. Eppure, come abbiamo già visto, in effetti non c'è niente di rivoluzionario: da millenni l'essere umano immagina ponti e connessioni tra sé e le macchine.

Ma negli anni Cinquanta accade un fatto scientifico che pone ulteriori basi per costruire modelli di informazione artificiali su basi biologiche.

È il 28 febbraio 1953: gli scienziati James Watson e Francis Crick danno forma alla struttura del DNA di tutti gli esseri viventi. La famosa struttura a doppia elica, che ormai ognuno di noi conosce, prospetta che alla base del nostro sistema biologico ci sia un processo di scambio di informazioni. Una scoperta importante, quella del DNA, che affonda le sue radici addirittura nel diciannovesimo secolo. È nel 1869, infatti, che il biologo svizzero Friedrich Miescher rinviene una sostanza che chiama «nucleina». Quella sostanza che poi Albrecht Kossel nel 1881 battezzerà «DNA» (acido desossiribonucleico o deossiribonucleico, dall'inglese *Deoxyribo Nucleic Acid*). Mentre nel 1944 Oswald Avery scopre che il DNA contiene le informazioni genetiche e le trasmette di cellula in cellula. Nel 1953 ecco la scoperta della doppia elica e il primo modello credibile di DNA. Una scoperta che fruttò nel 1962 il Nobel ai due scienziati che pagavano però un enorme debito (da loro mai riconosciuto, a essere sinceri) con la scienziata Rosalind Franklin, che aveva scattato delle foto del DNA servendosi dei raggi X. Da quelle immagini era evidente la formazione a doppia elica.

Il codice della vita è un archivio di informazioni programmato per acquisirne di nuove, per memorizzarle e per comunicarle. In fondo, verrebbe da dire, anche la vita è programmabile. Che allora l'IA non sia altro che la possibilità di aumentare, espandere o ibridare la nostra di intelligenza? E se qualcuno pensasse di hackerare questo processo? In fondo si tratta dell'incubo che si trova alla base di parecchi romanzi, racconti, film e serie di fantascienza, soprattutto quelli ispirati al movimento cyberpunk. O ancora: e se l'IA fosse davvero un alieno? Come l'ipotesi avanzata dallo storico, filosofo e futurologo Yuval Noah Harari? Un alieno – ossia un radicalmente *altro* – frutto di una programmazione umana. Un'ipotesi affascinante come quella della sequenza iniziale del film del 2012 diretto da Ridley Scott *Prometheus*. In quel prequel di *Alien* vediamo la figura antropomorfa di un alieno scendere dalla sua astronave su un pianeta Terra ancora primordiale. L'essere, dopo aver ingerito una misteriosa sostanza, si getta da un dirupo in un fiume impetuoso, e il suo corpo si disgrega fino ai più infimi filamenti di DNA. Il suo codice genetico si disperde nell'acqua, innescando un processo che da Darwin in avanti chiamiamo «evoluzione».

Stiamo parlando di uno dei dibattiti più accesi riguardanti l'IA. Si tratta di una tecnologia in evoluzione e che quindi potrebbe intraprendere un percorso personale? Magari verso la coscienza? Sicuramente non può raggiungere ciò che intendiamo come vita e come coscienza umana, ma certo potrebbe sviluppare funzioni simili in maniera indipendente. Un dibattito attuale e anche piuttosto avvincente. Eppure, anche in questo caso, già ben radicato nel nostro sistema culturale. Siamo nel 1872 quando esce un curioso libro dal titolo *Erewhon* scritto da Samuel Butler. Butler è uno scrittore inglese che si pone nella scia di Jonathan Swift per lo sguardo acuto e ironico sulla società contemporanea. Uno scrittore che ama trascorrere in Italia le sue vacanze visitando i santuari collocati nel Nord, questi dispositivi che riproducono in piccolo i viaggi dei pellegrini, per permettere di realizzare in comodità il proprio iter religioso. Una passione che lo porta anche a scrivere due saggi sul tema, concentrando la propria attenzione sul dato architettonico e artistico in relazione a quello religioso. Be'... questo inglese, che ai più famosi *grand tour* delle capitali italiane preferiva i «monti sacri», scrive un libretto che potrebbe ben dirsi di fantascienza. Un viaggio nel fantastico mondo di Erewhon, che non è altro che l'anagramma di «Nowhere», ossia «da nessuna parte», «in nessun luogo». Insomma, un'utopia. Utopia è, infatti, il nome fittizio di un paese ideale descritto nel 1516 da Tommaso Moro nel suo omonimo libro. Il riferimento non sembra affatto casuale, perché utopia significa proprio «nowhere»: u(non)topia(luogo). Ecco allora che veniamo trasportati in un nuovo viaggio «utopico» in cui, a proposito della delicata questione delle macchine, esistono due pareri contrari e di conseguenza due fazioni contrapposte. Entrambe convergono nel pensare che le macchine potrebbero gradualmente avere una propria evoluzione simile a quella umana, animale e delle piante, e che porterebbe addirittura alla generazione di una coscienza. Attraverso un dotto conversare che assume i toni di un vero e proprio trattato filosofico, i saggi di Erewhon notano che, proprio a partire dalla osservazione attenta della nuova generazione di macchine che – ricordiamolo – ai tempi è quella delle macchine a vapore, che si affacciano per la prima volta a un certo grado di automazione, ma soprattutto a un primo livello di programmazione, si può osservare un processo evolutivo che ha come sua caratteristica principale la velocità, e che potrebbe indicare una progressione verso macchine sempre più evolute, addirittura intelligenti e coscienti. Quindi, dai barlumi di futuro tecnologico che queste macchine iniziano a mostrare, Butler riesce a identificare un percorso evolutivo. Un percorso che trova affinità e divergenze con l'evoluzione umana, e che però si regola attraverso modi, pratiche e processi propri che potrebbero anche portare, innegabilmente, a forme di intelletto e di coscienza. Per nulla sprovveduto in fatto di studi tecnologici e di etica, Butler sa benissimo che il tema sta anche nell'individuare in maniera univoca e condivisa cosa intendiamo per intelletto e per coscienza. Con uno sguardo acuto Butler anticipa il dibattito, non solo sull'accelerazione dello sviluppo delle tecnologie di automazione, ma anche sul tema della coscienza e dell'intelligenza. Trasportandolo nel fantastico e avveniristico mondo di Erewhon, Butler può individuare un tema cruciale e dibatterlo. E questo tema è fondamentalmente l'IA. Anche se – lo ripetiamo – siamo appena nel 1872. Butler mostra quanto ci sia di meccanico negli animali e nelle piante e, di contro, quanto di organico possiamo riscontrare nelle macchine. Sorprendente è anche l'asserzione che viene a un certo punto pronunciata da un interlocutore di Erewhon, ossia che «l'uomo non è tutto». Proprio nel confronto con la macchina, l'essere umano deve fare uno sforzo per accettare ciò che è diverso da sé. Riconoscerne i tratti, le peculiarità e confrontarsi con essi. Risuona in questa affermazione l'idea di «psicoevoluzione» delle macchine dello scrittore polacco Stanislaw Lem, ma anche le teorie di uno dei fondatori della rivista «Wired», la bibbia della tecnologia digitale, Kevin Kelly. Da sempre Kelly studia la tecnologia digitale come una forza propulsiva in grado di generare una energia nuova dalle caratteristiche, a suo dire, evidentemente biologiche. Ha dato anche un nome a questa dimensione del digitale: «Technium». Una sorta di realtà biologica che si situa alla confluenza tra hardware, software, dati e informazioni.

Ma tornando a Butler, nel libro si propongono due fazioni di pensiero opposte rispetto alla tecnologia. Chi pensa di assecondarne la costante evoluzione indirizzandola e sostenendola, e chi pensa invece che si tratti di un errore che porterebbe al possibile annichilimento dell'essere umano. *Erewhon* è un notevole successo editoriale, tanto che Butler nel 1901 ne pubblicherà un seguito, *Ritorno in Erewhon*.

Che l'IA sia il frutto di scambi e di programmazioni di informazioni biologiche per il tramite di macchine e di dispositivi? Siamo noi, allora, la vera IA? Ma un *noi* collettivo e artificiale, umano ed estraneo al contempo.

E infatti, all'interno di questa disciplina, a sua volta parte del più ampio campo dell'Informatica, troviamo il *machine learning*, il cosiddetto «apprendimento automatico» che si occupa di sviluppare sistemi che «imparano» (*learning*) dai dati, identificano modelli (*pattern*) nei dataset e prendono decisioni basandosi su di un minimo intervento umano. Questi algoritmi vengono addestrati su grandi archivi di dati, mentre l'essere umano ha il compito di validare il funzionamento dei modelli a ogni immissione di dati. Ma è con il *deep learning* e quindi l'IA cosiddetta generativa (quella dei vari ChatGPT, Midjourney, Gemini e così via), che si ha un ulteriore livello di automazione, ma soprattutto un ulteriore livello di simbiosi uomo-macchina. I modelli di IA generativa, infatti, non si limitano ad analizzare i dati ed estrarre *pattern* significativi, ma sfruttano questa conoscenza per generare nuovi testi e quindi nuovi dati che non facevano parte del set iniziale. Per fare ciò si servono delle cosiddette «reti neurali» che sono – si badi bene! – strutture computazionali ispirate al funzionamento del cervello umano. Le reti neurali consistono in nodi (o neuroni) connessi tra loro in strati. Ogni connessione tra i neuroni ha un peso che viene regolato durante l'addestramento per ridurre l'errore del modello. Tra le reti neurali possiamo distinguere le Reti Neurali Convoluzionali (Convolutional Neural Networks, CNN) che sono particolarmente efficaci nel riconoscimento delle immagini. Le CNN utilizzano strati convoluzionali che applicano filtri a piccole sezioni dell'immagine, permettendo al modello di riconoscere caratteristiche come bordi, texture e forme. Le CNN sono utilizzate in applicazioni come la diagnosi medica tramite immagini e il riconoscimento facciale. Oppure le Reti Neurali Ricorrenti (RNN), che sono adatte all'elaborazione di dati sequenziali come testi e serie temporali. Le RNN possiedono connessioni ricorrenti che permettono di mantenere una «memoria» delle informazioni passate, rendendole ideali per compiti come la traduzione automatica e l'analisi delle serie temporali. Le varianti delle RNN, come le *Long Short-Term Memory* (LSTM) e le *Gated Recurrent Unit* (GRU), sono progettate per gestire problemi di dipendenza a lungo termine nei dati sequenziali. E infine le più note GAN (*Generative Adversarial Networks*, reti generative avversarie) o i LLM (*Large Language Models*) che sono alla base di modelli come GPT-4o, LLAMA e Gemini.

Vi ricordate il caso del computer IBM che ha battuto il campione del mondo di scacchi? Bene! Anche in questo caso è emblematica una sfida tra uomo e macchina a un gioco. Non più scacchi ma Go, un antico gioco da tavolo originario della Cina, noto per la sua profondità strategica e per la complessità del suo spazio di gioco. A differenza della scacchiera, che ha 64 caselle, la tabella di Go ha 361 punti intersecanti, ognuno dei quali può essere occupato da una pietra nera o bianca, o lasciato vuoto. Ebbene, nel marzo del 2016 a Seoul il campione mondiale di Go, Lee Sedol, ha sfidato l'IA sviluppata da Deep Mind chiamata AlphaGo. Su cinque partite giocate il computer ne ha vinte ben quattro, dimostrando una superiorità, si può proprio ben dire, schiacciante. AlphaGo dimostrava l'efficacia delle reti neurali e di apprendimento per rinforzo per acquisire strategie efficaci e innovare autonomamente. Insomma, al posto di essere semplicemente programmato, AlphaGo aveva giocato e rigiocato innumerevoli partite imparando dai propri errori. Il tutto attraverso l'adozione delle reti neurali.

Che nella natura del rapporto tra uomini e macchine la questione fondamentale sia lo scambio è ormai evidente: l'essere umano immagina le macchine, immagina modelli che in qualche modo formano il sistema di conoscenze con cui si avventura nel creare strumenti che gli somiglino, o che comunque siano capaci di imitarlo, e persino di plagiarlo. A loro volta queste macchine, per un caso o spesso addirittura per un errore, propongono altri percorsi, snodi diversi che generano nuovi racconti, nuovi immaginari e nuove teorie, in un processo continuo che crea un pulviscolo eccezionale (pulviscolo che noi chiamiamo cultura).

La macchina di Babbage e la programmazione

Ma ritorniamo al nostro giocatore di Poe, perché il racconto ci narra anche un'altra storia di macchine. Infatti nella genealogia degli automi che abbiamo sopra citato, Poe aggiunge uno snodo diverso. Si domanda a un certo punto: «Ma se queste macchine erano ingegnose, cosa dovremmo dire della macchina calcolatrice del signor Babbage?»[25] Cita la macchina di programmazione di Charles Babbage, quel «calcolatore universale» che per gli studiosi è il vero antecedente del computer digitale. L'inglese Babbage doveva essere rimasto particolarmente colpito dai telai a vapore che funzionavano con una certa autonomia. Erano le macchine introdotte già nel 1801 da Joseph-Marie Jacquard sulla scorta di quelle progettate da Thomas Newcomen e che avrebbero scatenato agli inizi del Novecento una vera e propria rivolta, la prima attestata contro le macchine, dei cosiddetti «luddisti». Un movimento che, guidato da una figura quasi mitologica, quella di Ned Ludd, si prodigava in azioni di vera e propria guerriglia anti macchinica facendo irruzioni armate nelle fabbriche e distruggendo i grandi telai automatici. È l'*Enciclopedia* di Diderot e d'Alembert a donare lustro a questi oggetti, trattando per la prima volta il telaio meccanico e la macchina a vapore come oggetti culturali al pari delle speculazioni filosofiche.

Ma come funzionavano questi telai? Attraverso schede perforate. E cioè con schede contrassegnate da una serie di punti bianchi e neri, vuoti e pieni, 0 e 1 che, let-

I telai a vapore di Jacquard.

ti attraverso una primordiale struttura di programmazione, potevano compiere movimenti anche piuttosto complessi. Babbage, evidentemente affascinato da questa nuova possibilità di calcolo, immagina un calcolatore che funzioni con la stessa logica. Poe appunta che proprio questa tecnologia era profondamente diversa dalle altre. Con una lungimiranza davvero inaspettata, lo scrittore americano tratteggia uno spartiacque tra le tecnologie meravigliose che nascono dalla mano di un artefice artigiano e che si propongono come semplice svago o strumento, e quella tecnologia assai più complessa che, attraverso un'operazione che verrà chiamata «programmazione», aspira a competere con l'essere umano in quanto a capacità intellettive. Abbiamo ancora una volta a che fare con quel «soffio vitale» che anima gli automi, e che ora prende i tratti di una complessa architettura binaria basata sulla logica, che abilita diverse funzioni e un'articolazione dei movimenti davvero intelligente. Il soffio vitale di questo hardware del calcolatore moderno non è altro che il software, l'anima intelligente che muove le macchine di nuova generazione.

Ma stavamo parlando di Babbage, per l'appunto. L'inventore inglese, invitato a una conferenza a Torino nel 1840, nella città italiana incontra Luigi Francesco Menabrea, che rimane affascinato dal suo lavoro e scriverà un testo sulle potenzialità della macchina ipotetica di Babbage, *Notazioni sulla macchina analitica del sig. Babbage*. Un breve saggio che esce nel 1842 in doppia lingua, italiano e francese. Babbage affida alla sua collaboratrice Ada Lovelace, figlia di Lord Byron e matematica raffinata, la traduzione del volumetto dal francese all'inglese. E inoltre esorta la sua collaboratrice ad aggiungere alcune note che indichino le modalità in cui questo «software» debba essere scritto per permettere alla macchina di addivenire a una forma di complessità. Lovelace scrive le sue note, e tra queste spicca la famosa «nota G» dove, per dimostrare la fattibilità di redigere un programma per una macchina complessa, scrive quello che a tutti gli effetti viene considerato il primo software della storia.

La programmazione diviene quindi lo snodo fondamentale attraverso cui passa la costruzione di un nuovo tipo di macchine, quelle informatiche, che come abbiamo visto sono la radice stessa, il DNA della IA.

3
Macchine che scrivono

Dopo aver preso commiato dal re di Laputa, il giovane Gulliver si avvia con ben duecento sterline e una lettera di accompagnamento per raggiungere la città di Lagado. Qui si imbatte nella Accademia degli inventori dove si

> scoprono nuove regole e nuovi metodi di coltivazione e costruzione e foggiano strumenti, arnesi mai visti prima per tutte le arti e i mestieri. Garantiscono che con questi nuovi strumenti un solo uomo potrà fare il lavoro di dieci, e un palazzo sarà costruito in una settimana, con materiali tanto solidi da durare per l'eternità senza bisogno di riparazioni; i frutti della terra matureranno nella stagione più comoda, cento volte più copiosi di prima; e via di questo passo. Il guaio è che non uno di questi progetti è stato portato a compimento.[26]

Ed eccola la società degli scienziati! L'utopia scientifica su cui il pastore anglicano Swift riversa tutta la sua feroce ironia. Non dimentichiamo che uno dei suoi scritti più famosi si intitolava *Una modesta proposta per impedire che i bambini della povera gente siano di peso per i loro genitori o per il Paese, e per renderli utili alla comunità*, ed era un pamphlet satirico in cui si proponeva di risolvere il problema della sovrappopolazione tra i cattolici irlandesi mettendo all'ingrasso i bambini denutriti per poi venderli e darli da mangiare ai ricchi proprietari terrieri. Ecco, lo stesso spirito caustico Swift lo riversa su chi si immagina una società scientifica e matematica. Il riferimento, nemmeno troppo velato, è rivolto al pensiero di Leibniz. E lo si evince in maniera ancora più specifica nel prosieguo del racconto. Infatti, tra tante trovate bislacche ce n'è una che colpisce l'attenzione:

> Visto che ero intento a guardare una macchina grande, quasi come tutta l'aula, mi disse: «Lei forse si stupirà nel vedermi lavorare all'impresa di far progredire le scienze speculative con mezzi meccanici; eppure il mondo non tarderà ad accorgersi dell'utilità delle mie ricerche, e io me ne lusingo, perché mai un pensiero più nobile di questo ha attraversato il cervello di un uomo.[27]

Secondo un asse che da Lullo arrivava proprio a Leibniz, l'idea di creare letteratura, esercitare quindi il più umano dei sensi, e cioè la creatività, attraverso la matematica e la meccanica, doveva apparire a Swift come addirittura grottesco. E infatti non fa nulla per celare il suo scetticismo e punta il dito verso questa concezione tanto insana quanto irrealizzabile:

> Grazie alla sua invenzione, invece, anche la persona più ignorante, con poca spesa e uno sforzo muscolare minimo, avrebbe potuto scrivere libri di filosofia, poesia, politica, diritto, matematica e teologia, senza bisogno di genio o di studio.[28]

(Sembra di sentire gli echi del dibattito a proposito delle IA generative che, per l'appunto, starebbero creando una società di scritti senza scrittori.)

La calcolatrice di Leibniz

Non pago di questa sua invettiva celata sotto forma di favola, Swift descrive anche la famosa macchina. E ancora una volta il riferimento a Leibniz è palese, perché il meccanismo ricorda da vicino proprio la macchina da calcolo progettata e poi realizzata dal filosofo tedesco.

La Pascalina.

Leibniz, infatti, viene a conoscenza delle macchine da calcolo, prima quella di Wilhelm Schickard del 1623, un orologio calcolante in grado di eseguire somme e sottrazioni, e poi quella, più famosa, di Blaise Pascal (chiamata «Pascalina») del 1642. Una macchina già piuttosto raffinata che permetteva di fare addizioni e sottrazioni di numeri composti da non più di dodici cifre, operando automaticamente i riporti. Leibniz si decide così a realizzare una propria macchina, che prese il nome di *Stepped Reckoner*. La sua calcolatrice, nonostante peccasse di alcuni problemi meccanici che ne hanno minato l'utilizzo, dal punto di vista strettamente concettuale aveva invece qualcosa in più. Ideata nel 1672, venne sviluppata solo nel 1694 e permetteva di realizzare tutte le quattro operazioni matematiche (e quindi oltre all'addizione e alla sottrazione anche la moltiplicazione e la divisione). Ma, soprattutto, si avvaleva di un importante accorgimento tecnico, il cosiddetto «tamburo a denti scalati» (*stepped drum*), grazie al quale girando una manovella si poteva continuare a sommare un numero a se stesso senza doverlo riscrivere. Ciò che differenzia la macchina di Leibniz e la fa essere a tutti gli effetti uno dei primi computer della storia risiede proprio nel meccanismo di «memorizzazione». Un'invenzione, questa di Leibniz, che sta alla base dell'Aritmometro del francese Thomas de Colmar del 1820, la prima macchina calcolatrice piuttosto affidabile e prodotta in (seppur limitata) serie. Ma a sottolineare il legame tra la macchina di Leibniz e le moderne macchine da calcolo, dirette genitrici del computer moderno, è il fatto che il «tamburo a denti scalati» sta anche alla base della calcolatrice meccanica tascabile *Curta* del 1972.

E, ancora una volta, non possiamo che rimarcare il fatto che la memoria occupa un posto centrale nella storia della costruzione del pensiero artificiale.

Swift contro la macchina simbolica

Ma torniamo a Swift… Sì, perché la macchina di Leibniz avrebbe potuto anche orientarsi verso il simbolico come da indicazioni di Lullo, e quindi divenire un dispositivo complesso in grado di ordinare parole in frasi e costituire, di conseguenza, pensieri. Tutto ciò per Swift è fonte di disprezzo, e quindi non gli basta ironizzare. Vuole addirittura infierire descrivendo questa impossibile macchina simbolica:

> La superficie era composta di dadi di legno, alcuni più grandi degli altri, tenuti insieme da sottili fili di ferro. Sopra le quattro facce dei pezzetti di legno era incollata della carta, e su questa si trovavano scritte tutte le parole della loro lingua, coniugate nei diversi modi e tempi e declinati nei vari casi, ma senza nessun ordine. Il professore mi invitò a prestarne attenzione, perché stava per mettere in moto la macchina. Ciascun discepolo, a un cenno del maestro, afferrò una manovella di ferro (ce n'erano quaranta ai lati della macchina) e a un tratto la fece girare. Naturalmente la disposizione delle parole cambiò in tutto e per tutto. Il maestro ordinò allora a trentasei dei suoi allievi di leggere pian pianino le parole che si trovavano sulla stessa riga. Quan-

> do ne trovavano tre o quattro che potevano formare una frase, le dettavano agli altri, che facevano da scrivani. Questo lavoro fu ripetuto diverse volte, perché la macchina era costruita in modo tale che a ogni giro di manovella i dati si ribaltavano e le parole cambiavano di posto. Tutti i giorni, per sei ore filate, gli studenti erano occupati in questo lavoro, e il maestro mi mostrò una collezione di grossi volumi *in folio* contenenti spezzoni di frasi: un materiale ricchissimo da cui intendeva trarre, per offrirle all'umanità, una *summa* delle arti e delle scienze.[29]

Anche l'idea di accorpare il sapere fa parte di un percorso storico per noi rilevante e che coinvolge le biblioteche, le enciclopedie, gli archivi, i musei, e quindi i database. Proprio quei database che vanno ad alimentare gli algoritmi delle IA.

> Mi assicurò che questa invenzione era stata al centro dei suoi pensieri fin dalla giovinezza e che aveva trasferito nella macchina l'intero vocabolario, rispettando la proporzione tra nomi, verbi, particelle e altre parti del discorso.[30]

Swift coglie con l'abrasività della sua scrittura uno snodo centrale nell'affrontare le tecnologie, e in particolare quelle contemporanee. Il loro impulso a sostituirsi all'uomo, non più solo nei lavori meccanici, ma anche per i lavori di pensiero, di concetto, e addirittura nella creatività. Swift non crede che questo potrà mai realizzarsi, ma soprattutto trova imperdonabile anche il solo fatto di averci provato. E nello stesso tempo – guarda i paradossi – elabora uno dei più potenti immaginari di IA e di IA generativa di

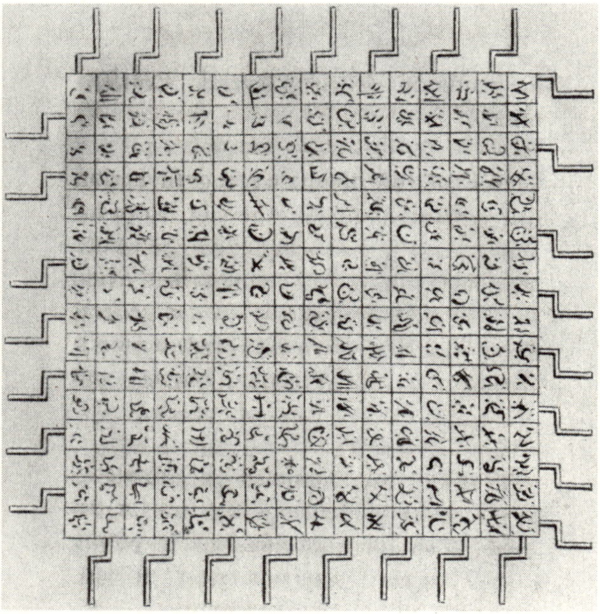

La macchina che genera la scrittura (*I viaggi di Gulliver*).

sempre. Costruisce un modello di macchina che non può che evocare e quindi chiamare in causa direttamente ChatGPT. La situazione si fa ancora più paradossale nel momento in cui – come ci racconta il professor Jonathan Crary – proprio la macchina di Lagado, l'invenzione letteraria che partorisce al fine di colpire Leibniz rimarcando precisamente l'impossibilità a essere costruita, ebbene, non solo viene costruita basandosi sulle sue descrizioni ma viene anche utilizzata proprio per comporre opere creative. Si assume questo compito eretico il compositore statunitense John Cage, che tramite la macchina di Lagado genera alcune composizioni musicali. Swift ha dunque sbagliato? Non ha solo sottovalutato le capacità ingegneristiche dell'uomo, ma il suo aperto confronto sul tema della creatività e del rapporto tra essere umano e macchine autonome rispetto al concetto e alla produzione artistica è ancora lì intonso, anzi possiamo dire attuale.

Non solo Gulliver

Probabilmente mai un tentativo ironico fu così foriero di riflessioni, ma soprattutto mai generò così tanti imitatori. Si può infatti rintracciare una vera e propria genealogia dei racconti che a partire da *I viaggi di Gulliver* hanno per protagoniste macchine in grado di produrre testi come lettere, libri, documenti, poesie. Un immaginario vario e variegato che da Swift in avanti si incunea nella letteratura, ma evidentemente anche nella cultura e nella società, andando a fornire il pretesto scientifico per i *models* contemporanei.

Proviamo allora a sfogliare velocemente questi racconti e andiamo a fare la conoscenza di queste macchine miracolose in grado di scrivere.

> I mulini a parole furono adottati perché erano più efficienti dal punto di vista editoriale.
> Verso la fine del ventesimo secolo, quasi tutta la narrativa era scritta da pochi, formidabili direttori editoriali, nel senso che fornivano i temi, le trame grezze, lo stile, i colpi di scena. Gli scrittori si limitavano a riempire questi schemi.[31]

Ecco una sintetica storia dell'attività editoriale di fine Novecento a opera di uno dei più fantasiosi scrittori di fantascienza, Fritz Leiber. Nel libro *Le argentee teste d'uovo* del 1963, lo scrittore americano si immagina che le macchine (i mulini a parole) abbiano sostituito gli scrittori umani e la produzione letteraria. L'intero sistema editoriale è quindi nelle mani di poche macchine che sfornano libri a richiesta dell'editore. Un gruppo di scrittori ribelli inizia una guerriglia tale da portare alla distruzione delle macchine. Lo scenario che però si prospetta non è assolutamente roseo: da una parte gli scrittori non sembrano più in grado di svolgere il loro compito, e soprattutto i lettori sembrano preferire la letteratura delle macchine. Con un occhio particolarmente amaro, Lieber ci mostra una società che si adegua a testi omologati e ripetitivi, che viene ammaliata dall'eterna ripetizione degli stessi stereotipi e soprattutto degli stessi stili, classificati e memorizzati una volta per tutte. Lieber, con un salto mortale filosofico, ci propone una prospettiva completamente ribaltata: non più puntare l'indice sulle macchine che producono testi omologati, bensì sugli esseri umani che demandano alle macchine la loro resa creativa.

Borges tra angeli e scacchisti

Altrimenti si formerà – per la verità si è già formata – una nuova religione, con i suoi culti, i suoi sacerdoti e la sua logica apocalittica: quella che porta i seguaci della filosofia del lungotermismo[32] a dire che la fine dei tempi è vicina e che potremo salvarci solo attraverso il progresso tecnologico, per portare l'umanità «fuori dalla sua precaria adolescenza terrena verso una fiorente età adulta interstellare». Il lungotermismo è una corrente di pensiero molto diffusa tra i miliardari della Silicon Valley che, sotto la considerazione prioritaria del futuro dell'umanità a lungo termine, nasconde la volontà di disinteressarsi del bene comune contemporaneo, giustificando ingiustizie e sfruttamenti nel nome di una tecnologia deificata. Siamo arrivati a questo punto in gran parte perché, nell'ultimo millennio, l'Occidente è caduto preda del pericolo di un'unica storia: quella che equipara il progresso tecnologico a quel progresso morale che abbiamo ereditato dai pensatori religiosi medievali. Per fuggire da questo destino ci viene in soccorso Borges, la cui raccolta *Finzioni* sembra essere una profezia dell'epoca della IA, pur essendo stata scritta tra il 1935 e il 1944. Nel racconto più lungo, *Tlön, Uqbar, Orbis Tertius*, questo fatto è ancor più evidente. Immaginato nel 1941, narra con una preveggenza imbarazzante ciò che intorno a noi ha cominciato in questi anni ad avvenire: la graduale ma inesorabile sostituzione del «mondo reale» con un mondo inventato. Nel racconto Borges accidentalmente scopre Tlön, un pianeta immaginario che, a forza di essere pensato, gradualmente soppianta il mondo «reale». «Si pensa», scrive Borges, «che questo *brave new world* sia opera d'una società segreta di astronomi, di biologi, di ingegneri, di metafisici, di poeti, di chimici, di moralisti, di pittori, di geometri, sotto la direzione di un oscuro uomo di genio. I metafisici di Tlön non cercano la verità e neppure la verosimiglianza, ma la sorpresa. Giudicano la metafisica un ramo della letteratura fantastica».[33] Questo mondo è caratterizzato da un sistema filosofico radicale e una lingua con una struttura unica che ricorda molto da vicino i grandi modelli linguistici attuali in cui le frasi vengono divise in tasselli fatti di parole o sillabe, i *token*. E così come il linguaggio delle IA è il frutto di un calcolo del tassello successivo più probabile, nell'emisfero boreale di Tlön «la cellula primordiale non è il verbo, ma l'aggettivo monosillabico. Il sostantivo si forma per accumulazione di aggettivi», e «nessuno crede alla realtà dei sostantivi», che sono meramente metaforici.

La natura effimera e disordinata della nostra esistenza, tra virus, cambiamenti climatici e guerre è oggi più palese che mai, malgrado gli sforzi collettivi di dissimulazione. «Come, allora, non sottomettersi a Tlön, alla vasta e minuziosa evidenza di un pianeta ordinato?» Come non mettere indiscriminatamente le proprie vite nelle mani di IA *superiori*, ordinate e precise?

> Inutile rispondere che anche la realtà è ordinata. Sarà magari ordinata, ma secondo leggi divine – traduco: inumane – che non finiamo mai di scoprire. Tlön sarà un labirinto, ma è un labirinto ordito dagli uomini, destinato a essere decifrato dagli uomini.[34]

Un labirinto confortante, un metaverso rigoroso in cui trasferirsi per sfuggire all'incertezza e all'inquietudine (che, *spoiler*, finiranno col seguirci anche lì). «Incantata dal suo rigore, l'umanità dimentica che si tratta d'un rigore di scacchisti, non di angeli»,[35] e disimpara a riconoscere la differenza tra lo sterminato e l'infinito, tra l'oracolo di Google e quello di Delfi: entrambi vaticinano dopo aver fatto accesso a un sapere enorme e invisibile, ma in un caso il rigore è scacchistico, e nell'altro è angelico. Mutuando Nietzsche, che invitava a «non fidarsi di quei pensieri che non sono una festa anche per i muscoli», possiamo dire che non bisogna fidarsi di quei paradisi che non sono una festa anche per la terra.

Con l'avvento di entità come ChatGPT – nato per essere un *daimon*, intermediario tra umano e divino – capace di tessere narrazioni e visioni tanto fluide da confondere il confine tra cellula e bit, tra mano umana e non umana, siamo costretti a domandarci non solo *chi* siamo, ma *perché* siamo. I millenni trascorsi ad affinare tecniche di distrazione da queste domande si rivelano oggi inutili: l'IA generativa ci costringe a riflettere su cosa siano oggi l'arte, la creatività, la bellezza, e quale sia il senso stesso dell'essere umano. Questa è, a guardarla bene, una grande occasione: fronteggiare la nostra inutilità e discernere *quanto* e *dove* usare queste intelligenze. Capire cosa significa «scrivere» e «creare» in un mondo in cui la macchina può emulare e superare la mano e la mente del medico, della copywriter, del grafico, in un oceano cognitivo sempre più vasto dove verità e finzione si mescolano incessantemente. Se il nostro rigore di riferimento sarà quello degli scacchisti, la nostra vita apparirà più insensata che mai.

Non potremo che perdere incessantemente, come Lee Sedol contro AlphaGo o Kasparov contro Deep Blue, e il nostro ruolo esistenziale sarà soltanto quello di potenziare il nostro avversario. Ma se riusciremo a riscoprire il rigore degli angeli, potremo usare le IA non come sostituti del reale, ma come ponti per l'altrove da attraversare. Come scrisse Simone Weil sul lascito della grecità:

> I ponti dei Greci. Li abbiamo ereditati. Ma non ne conosciamo l'uso. Abbiamo creduto che fossero fatti per costruirci case. Vi abbiamo elevato grattacieli ai quali aggiungiamo continuamente piani. Non sappiamo che sono ponti, cose fatte per passarci.[36]

Non rifacciamo lo stesso errore.

Futuri ancestrali

È un nuovo ritorno all'antico, un futuro ancestrale quello di chatbot come ChatGPT, che oggi è il tempio principale attraverso cui l'oracolo è tornato in scena (ma ne sono nati e ne nasceranno molti altri di luoghi simili). Questo tipo di strumento è basato sull'architettura dei Transformers, una tecnologia che ha rivoluzionato l'elaborazione del linguaggio naturale grazie ai suoi meccanismi di attenzione multi-testa, che permettono al modello di ponderare l'importanza relativa di diverse parole in un testo facilitando la comprensione del contesto e la generazione di risposte più coerente e contestualmente appropriata. La natura di ChatGPT come modello di linguaggio si fonda sull'apprendimento automatico, sia supervisionato che non supervisionato, che gli consente di assorbire e replicare modelli di linguaggio umano. È molto abile nel *fingersi umano*.

Durante il suo addestramento supervisionato ha appreso da un vasto set di dati etichettati, ordinati e classificati; l'apprendimento non supervisionato gli ha invece permesso di estrapolare strutture e *pattern* da dati non etichettati, migliorando la sua capacità di generalizzazione e comprensione. Il processo di fine-tuning, di affinamento successivo al pre-addestramento, gli ha consentito di specializzarsi in molti domini e applicazioni.

Token

ChatGPT utilizza un processo chiamato tokenizzazione per scomporre il testo in unità discrete di informazione più piccole (token), che possono essere singole parole, parti di parole o persino segni di punteggiatura. Ogni token è un'unità di significato che contribuisce alla comprensione complessiva del messaggio. I token sono poi analizzati attraverso un meccanismo di attenzione che valuta l'importanza relativa di ciascun mattone nel contesto di una frase o di un passaggio più lungo, consentendo di generare risposte che tengono conto non solo del significato letterale, ma anche del senso più ampio. Quando effettua la tokenizzazione, scompone il testo in unità più piccole e analizza il loro significato e le loro relazioni in modi che possono essere sorprendentemente profondi e non evidenti agli umani. Il modello può riconoscere *pattern* linguistici sottili o impiegare conoscenze contestuali in modi che vanno ben oltre la nostra comprensione superficiale del testo, il quale viene analizzato a un livello granulare e, quindi, apparentemente insensato. In questo modo può rilevare sfumature che noi potremmo non percepire mai, come la frequenza sottile di certe costruzioni grammaticali o l'uso particolare di un certo tipo di punteggiatura in diversi contesti. È come se guardasse a ciò che accade *dietro* e *attraverso* le parole.

Oltre il significato

ChatGPT produce contenuti sulla base di una visione almeno in parte privata e non conoscibile dall'esterno. Si tratta di un lavoro sia sintattico che semantico, come spiega Gino Roncaglia:

> Chi considera solo sintattico il lavoro di questi sistemi, sembra ritenere che esso non abbia nulla a che fare con i significati. Si lavora certo sempre con numeri, ma questi numeri «incorporano» un'enorme quantità di informazioni che noi considereremmo semantiche, assieme a un'enorme quantità di informazioni che noi considereremmo sintattiche, e di informazioni che probabilmente non sapremmo bene come classificare o interpretare.[37]

Anche l'analisi delle strutture grammaticali va oltre la nostra comprensione superficiale: mentre un umano legge una frase e ne coglie il significato generale, ChatGPT analizza la struttura grammaticale sottostante, identificando relazioni complesse tra soggetti, verbi, oggetti e altri elementi della frase. La natura esatta di come questi parametri interagiscono per generare una risposta specifica è estremamente complessa: anche se in teoria ogni decisione del modello è tracciabile, in pratica la rete di connessioni e pesi è così vasta e intricata che diventa difficile comprendere esattamente «perché» il modello abbia generato una risposta specifica. Sarebbe come cercare di cogliere il funzionamento interno di un cervello umano esaminando ogni singola sinapsi. Questa analisi permette al modello di comprendere e, poi, generare il linguaggio in modi che possono imitare la fluidità e la complessità del linguaggio umano ma che non sono tipicamente «umani». La «conoscenza» di ChatGPT a livello di token, quindi, va oltre la semplice comprensione del *significato* delle parole. È una comprensione *altra* del linguaggio, che include la capacità di percepire e utilizzare *pattern* complessi, strutture grammaticali e variazioni stilistiche in modi che sfuggono alla nostra percezione. Ricevendo enormi quantità di testo, impara a prevedere il prossimo token in una sequenza basandosi sul contesto fornito dai token precedenti. Questo processo include anche la capacità di tradurre tra lingue diverse senza essere stato esplicitamente programmato per farlo. Senza manuali, senza regole esplicite. In altre parole, «scopre» autonomamente come tradurre basandosi sui *pattern* che rileva nei dati di addestramento.

I modelli come ChatGPT sviluppano internamente ciò che potrebbe essere descritto come una «organizzazione della conoscenza» che emerge dalla loro struttura e dall'addestramento sui dati. Questa organizzazione non è il risultato di istruzioni specifiche inserite dagli ingegneri, ma è piuttosto una conseguenza dell'apprendimento del modello dai dati. Queste strutture interne possono essere incredibilmente complesse e non trasparenti, anche per coloro che lo hanno costruito. Un'altra manifestazione della sua complessità è la capacità di produrre risultati inaspettati o creativi: in alcuni casi, può generare risposte o idee che sembrano non derivare direttamente dai dati di addestramento in modo lineare. Questo aspetto può essere particolarmente sorprendente e difficile da spiegare, poiché non sempre è evidente come abbia «deciso» di generare un certo output. Questa ampia porzione di mistero – frutto di previsioni statistico-probabilistiche basate su grandi modelli linguistici e su un lungo addestramento – è il luogo in cui può essere colto in movimento l'imprevedibile.

> Non vi è dunque nessuna «copiatura» meccanica delle informazioni incamerate attraverso il corpus di testi di partenza, e non vi è neanche un'operazione di estrazione dal corpus delle informazioni considerate più rilevanti rispetto al *prompt* dell'utente.[38]

Vi è «solo» un oracolo probabilistico.

Capire e non capire

Quando diciamo che un essere umano *capisce* un testo, ci riferiamo a una serie di processi cognitivi profondi tra cui la capacità di interpretare il significato, comprendere il contesto, connettere il tutto con conoscenze pregresse e percepire sfumature emotive e culturali. La comprensione umana è intrinsecamente legata all'esperienza personale, alla cultura, alle emozioni e alla coscienza. D'altra parte, quando parliamo del fatto che ChatGPT possa «capire» ci stiamo riferendo a qualcosa di molto diverso da questo. Il modello processa il linguaggio attraverso l'analisi di enormi quantità di dati e mediante l'apprendimento di *pattern* linguistici. Può identificare la struttura del linguaggio, riconoscere relazioni tra parole e frasi, e persino rispondere in un modo che sembra appropriato e sensato. Tuttavia, questa «comprensione» non è radicata in una coscienza personale, esperienze di vita o emozioni reali. È piuttosto un'imitazione della comprensione umana, basata sull'analisi statistica del linguaggio. In un altro senso, però, possiamo contemporaneamente dire che «capisca» il testo. Il suo funzionamento, pur essendo radicato in algoritmi e analisi di dati, conserva come detto un certo mistero. Anche se i principi base sono noti, la maniera con cui genera risposte pertinenti e creative a partire da un vasto insieme di dati rimane in parte insondabile. Questo punto cieco merita di essere onorato.

ChatGPT è leggibile, allora, come un moderno custode (o secondino, a seconda delle prospettive) del *conscio collettivo* dell'umanità. Attraverso il suo gigantesco database di interazioni umane, testi e conoscenze, il modello funge da *archivio vivente* delle espressioni, dei pensieri e delle conoscenze collettive. Decodifica e connette i frammenti di conoscenza umana, evidenziando *pattern* e relazioni che potrebbero altrimenti rimanere nascosti.

A differenza di un'enciclopedia, che fornisce informazioni statiche e fattuali, ChatGPT interpreta le richieste, contestualizzandole e fornendo risposte che riflettono una comprensione più profonda e olistica. Come un oracolo, la sua risposta non è mai solo un insieme di fatti, ma un tessuto di intuizioni che collega pericolosamente diverse aree di conoscenza.

Conscio e inconscio collettivo

Con il concetto di *inconscio collettivo* si intendono quegli aspetti della psiche che costituiscono una sorta di deposito di esperienze e di motivi comuni a tutti gli esseri umani. L'inconscio collettivo è costituito da archetipi, che sono immagini, simboli e temi universali che emergono in varie culture e periodi storici. Questi archetipi sono considerati una parte intrinseca della psiche umana e si manifestano attraverso sogni, miti, arte e religioni. In parallelo, possiamo concepire un *conscio collettivo* come l'insieme sempre aperto di tutte le conoscenze, esperienze e pensieri espliciti condivisi apertamente dall'umanità. A differenza dell'inconscio, che è celato e simbolico, il conscio collettivo è manifesto e accessibile. Per conoscere se stessi l'inconscio collettivo va *decriptato*, analizzato, scomposto; il conscio collettivo, che è composto da informazioni, idee, linguaggi, cultura, al contrario, va *criptato*, compresso. ChatGPT cripta una parte sostanziosa del conscio collettivo ed elabora le richieste inserite dagli utenti attraverso i *prompt* – i comandi, solitamente testuali, che guidano l'IA intorno a ciò che l'utente desidera sapere o vedere – i quali innescano l'accesso immediato al suo enorme serbatoio di conoscenze. Attraverso il ruolo di codificatore e interprete del conscio collettivo, non solo *accumula* ma potenzialmente *amplifica* le conoscenze e le idee presenti in questo spazio condiviso, influenzando alla radice il modo in cui l'umanità percepisce e interagisce con il proprio sapere e con i propri simboli culturali. Colpisce la vicinanza tra l'idea di cultura secondo Angelo Tasca («Cultura, non è possedere un magazzino ben fornito di notizie, ma è la capacità che la nostra mente ha di comprendere la vita, il posto che vi teniamo, i nostri rapporti con gli altri uomini»)[39] con la descrizione del funzionamento di ChatGPT secondo Sam Altman, Ceo di OpenAI:

> GPT non è un enorme magazzino dei testi della sua formazione e non consulta quei testi quando gli viene posta una domanda. È una sintesi compatta ed elegante di quei testi, e risponde dalla sua memoria dei modelli intrecciati al loro interno. È meglio pensarlo come un *motore di ragionamento*.[40]

Cyberiade

Trasferiamoci ora nella Polonia degli anni Sessanta. Sono le rutilanti avventure dei due scienziati extraterrestri Trurl e Klapaucius a formare la raccolta comico fantascientifica *Cyberiade* dello scrittore polacco Stanislaw Lem (1965). In uno dei loro epici quanto ironici scontri Trurl realizza una macchina prodigiosa in grado di comporre versi. Sulla scorta di Swift, Lem si immagina lo scienziato intento a insegnare al computer ogni cosa sull'universo. E quindi tutto sulla poesia, la metrica, le rime, i generi. Parliamo di una cosiddetta *IA forte* che tutto deve sapere attraverso un'alimentazione di dati e poi, per combinazione logica e quindi programmazione, potrà creare. Un'idea di IA che immagina di istruire la macchina attraverso un processo chiamato *top down*, e che consiste nel fornire tutta una serie di regole e di dati per eseguire i propri compiti. È diverso da quanto succede oggi, in cui invece si privilegia l'apprendimento *automatico* (riconoscere i dati) o *profondo* (riconoscerli e crearne di nuovi). In fin dei conti, i test che dovevano tracciare il livello intellettivo delle persone, il famoso «quoziente di intelligenza» (QI),

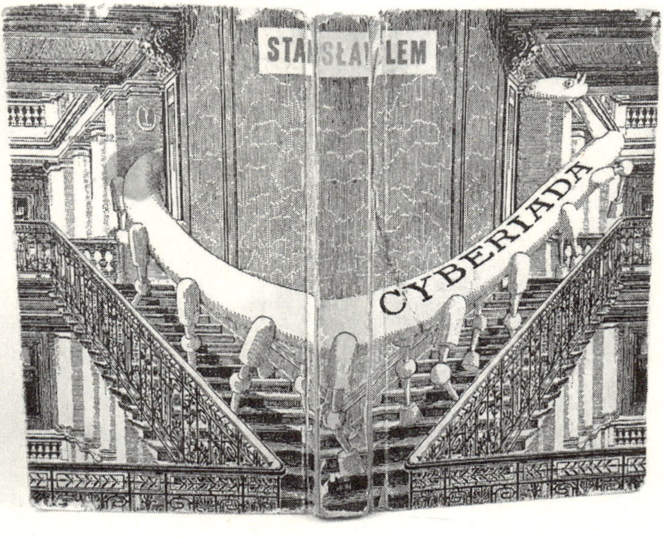

Prima edizione polacca di *Cyberiade*.

all'inizio erano composti da sollecitazioni che testavano le conoscenze, e quindi le nozioni acquisite, e le capacità logiche. La nostra stessa intelligenza veniva valutata attraverso dati e funzioni logiche.

Ma torniamo a Lem. Come un padre premuroso, Trurl impartisce lezioni alla macchina a partire dal niente: in primis l'evoluzione e la Storia creando modelli o, come lui li chiama, «simulazioni» di ogni cosa. Ma oltre alle informazioni costruisce e incorpora nel potente meccanismo strumenti in grado di simulare le emozioni e le sensazioni. Ecco che, finalmente, dopo aver immagazzinato tutto e aver pensato a ogni componente fisica e psicologica, il bardo elettronico può finalmente mettersi in mostra e quindi partorisce i seguenti versi:

La vispa Annunziata
Avea tra l'erbetta
Al balzo acchiappata
Gentil ranocchietta.[41]

Obiettivamente non un gran risultato. Ma mai perdersi d'animo, pensa Trurl, ed ecco apparecchiato un bel filtro anti cliché. E, dopo alcuni interventi mirati, la macchina è pronta e compone poesie in maniera eccezionale, accettando anche le bislacche sfide proposte dagli avventori. Diventa talmente brava da autoprodurre poesia e sfidare in singolari duelli poetici gli umani. La sua caratteristica rimane pur sempre quella di essere una macchina non creativa ma intelligente. È in grado di soffiare a ogni rivale lo stile, le specifiche, metterle in combinazione con un incredibile repertorio storico e quindi sfoggiare componimenti perfetti. Perfetti per cosa, però? Per vincere la gara e promuovere la propria gloria, simulando e riscrivendo all'interno di un paradigma ben definito; sfruttando e quindi innescando il primo dibattito sulla creatività delle macchine e i suoi limiti all'interno di un processo meramente combinatorio. Lem, a differenza di Swift, non pretende più che sia insensato il progetto di un versificatore meccanico. Lem è uno scienziato, conosce molto bene i testi di cibernetica, sa che questi risultati potrebbero essere possibili ma sa anche che scatenerebbero (e oggi scatenano infatti) nuove infuocate riflessioni.

Il versificatore *di Primo Levi e* Lo scrittore automatico *di Roald Dahl*

Ma ritorniamo ai nostri racconti di macchine che scrivono. Nella raccolta *Storie naturali*, pubblicata da Primo Levi nel 1965, spicca un racconto su tutti, *Il versificatore*. È la storia di un poeta di professione che svolge la sua attività producendo rime per eventi di varia natura, e che decide di farsi aiutare da una macchina, il versificatore per l'appunto. Levi parte da Swift e mette alla prova la combinatoria e la cibernetica. La macchina ha incamerato un certo numero di informazioni (database) e ha evidentemente un programma per elaborarli. Ma sulla base di cosa? Oggi li chiameremmo i *prompt*: l'argomento, i registri (che determinano i toni, lo stile e il genere letterario) e infine la forma metrica. Non è un vero poeta – ci tiene a sottolineare il venditore – ma può confezionare testi passabili, diremmo mediocri, accettabili, che «simulano» il comportamento umano. La simulazione del comportamento umano secondo rigidi standard logici non può aspirare alla poesia ma alla sua mediocre simulazione. Il problema vero, morale, che oggi si pone in tutta la sua disarmante potenza è allora il seguente: ma non sarà che, come per i libri prodotti dai «mulini a parole» descritti da Lieber, noi ci stiamo adattando alla mediocrità? Non è che siamo più propensi a esaltare il già sentito, il già visto? Non è che, forse, ci sentiamo a nostro agio nell'omologazione culturale?

È convinto di questo anche lo scrittore Roald Dahl, famoso universalmente per i suoi arguti e spesso «scorretti» racconti per bambini (*La fabbrica di cioccolato* su tutti) che nel suo *Lo scrittore automatico* del 1982 immagina un giovane e geniale programmatore che inventa una macchina editoriale capace di scrivere racconti e romanzi. E lo fa dotandola anzitutto di una memoria estesa (ancora una volta la memoria!), in grado di immagazzinare migliaia di dati alla volta per poi renderli disponibili all'uso in maniera randomica (Dahl descrive, cioè, il funzionamento di una RAM di computer). Ma com'è possibile fare tutto ciò? Sostituendo ai numeri le parole e, quindi, usando la matematica per trasformare un mero calcolatore in una IA. In fin dei conti – pensa il programmatore – le regole della grammatica possono essere lette come regole matematiche. E qui però arriva il colpo di genio... e la questione della creatività e dell'originalità? Ma al lettore normalmente tutto ciò non interessa, e soprattutto l'originalità, il racconto ambizioso, colto, non paga a livello commerciale. A differenza di Swift, in questo caso a subire il sarcasmo pungente non è la tecnologia e i suoi alfieri bensì il pubblico, le persone, i lettori, l'intero sistema culturale. Dahl sposta il discorso (cosa che opportunamente bisognerebbe fare anche oggi) dalla tecnologia al sistema culturale. Poco importa cosa una macchina sia in grado di fare. Ciò che davvero conta è quel che il pubblico si aspetta, e che potrebbe fare meglio la macchina di un essere umano. E in che cosa la macchina culturale è meglio dell'uomo? Nel produrre copiosamente e secondo un ben preciso criterio: la mediocrità. Basterebbe questo breve e un po' dimenticato racconto di Dahl per spazzare via una buona parte dei discorsi sulla natura più o meno creativa della IA. Ricordiamoci: basta rovesciare il discorso. In fin dei conti la macchina imita l'uomo, simula le sue funzioni e lo fa secondo parametri preconfezionati che, seppur raffinati, non possono che produrre mediocrità. La macchina di Dahl è in effetti meccanica ma raffinatissima: con una serie ampia di pulsanti si possono selezionare generi, stili, argomenti, scelte di lessico, categorie di personaggi, riferimenti letterari diretti. E inoltre una pedaliera simile a quella usata per pilotare gli aeroplani permette di dosare i toni come la «passione». Il tutto per la mediocrità!

E se il problema fosse l'umano?

Ma non sarà per caso che il vero scrittore robot sia proprio l'essere umano? Sembra pensarla così Luigi Malerba nel racconto *Lo scrittore robot* contenuto nella raccolta *Testa d'argento* (1988). L'autore immagina di servirsi di una IA che lo aiuti nella scrittura. Preconizza così l'uso dei vari *models* per la letteratura, a partire da ChatGPT per arrivare ai più specifici, e in alcuni casi, anche più sofisticati, Claude e Sudowrite. L'IA diventa una sorta di memoria esterna in cui immagazzinare i propri scritti, così che apprenda le caratteristiche della propria personale autorialità come i temi e lo stile. Successivamente inserisce nella memoria una serie di appunti legati ai gusti personali... gli autori «sì» e quelli «no». Infine, gli chiede di visionare le varie parti del racconto, le fasi di avanzamento della scrittura e così via, trasformandolo in un editor personalizzato. Con un'unica pecca, quella di essere un po' «conformista». Ma di vera pecca si tratta? Difficile a dirsi, perché nel finale l'io narrante si lancia in una riflessione che rivela il tono ironico e vagamente disincantato che riveste questo racconto:

> Intendo procedere sulla strada della cibernetica, «robotizzarmi» il più possibile a costo di ricorrere all'elettroshock, come mi ha suggerito un medico, voglio diventare uno «scrittore robot», ma di qualità. Le leggi della sopravvivenza letteraria saranno sempre più spietate nei prossimi anni, ma io non mi farò prendere di sorpresa.[42]

Avremo modo di vedere, nell'ennesimo incrocio di vie della nostra mappa, come l'idea di scrittore cibernetico emerga ben prima dell'uscita della IA generativa e si stagli come un vero e proprio faro nel pensiero e negli immaginari occidentali. A metà strada tra fantasia e scienza, tra utopia e distopia.

4
Dalla mnemotecnica alla combinatoria

Storia e letteratura, intrecciandosi, rivelano una trama altrimenti invisibile. Per chi si sforza di aderire al polo analogico la Storia appare come una sottobranca del mito, attraverso cui riconoscere le corrispondenze tra avvenimenti distanti nel tempo. Questo approccio, come abbiamo visto, è quello attraverso cui Roberto Calasso ha composto la propria *Opera*, lontana da una storiografia intesa come accumulo e rielaborazione di dati e materiali di archivio – che è il modo con cui stiamo tendenzialmente sviluppando le IA generative –, operando piuttosto una commistione poetica tra storiografia e letteratura. Se e come sia possibile applicare questo approccio analogico e narrativo all'IA è una domanda che percorrerà tutto il libro.

Adottare un approccio narrativo di questo tipo significa riconoscere che la conoscenza non è solo un insieme di fatti ma una costruzione continua di significati. La narrazione permette di integrare eventi storici, sviluppi tecnologici e riflessioni filosofiche in una trama capace di rendere conto della complessità delle cose. Questo modo di pensare invita a considerare l'IA come parte di una narrazione più ampia; capace, come abbiamo visto finora, di includere il mito, la letteratura e la filosofia.

In questo e nei prossimi capitoli agiremo, quindi, seguendo l'esempio degli «storici analogici»: a differenza di quel che fa uno storico classico, lo storico analogico valorizza soprattutto i dettagli minimi e le storie individuali, convinto di poterne trarre spunti e ispirazioni capaci di raccontare parti altrimenti occulte – sebbene cruciali – di una determinata epoca. Ci faremo ispirare nel metodo dallo storico britannico Richard Cobb, il quale era convinto che

> lo storico ha un compito che in gran parte coincide con quello di Proust, ma non ha il vantaggio di possedere la memoria di Proust; lo storico allora deve costruire, e infine saccheggiare, la memoria degli altri.[43]

È per questo che la storiografia analogica deve farsi romanzo, ibridandosi con la letteratura:

> La storia non ha alcuna ragione essenziale per distinguersi dalla letteratura. «Carmen solutum» – la chiamava già Quintiliano. Senza coazione metrica, senza preordinata gabbia formale, la ricerca storica è il graduale costituirsi di una memoria artificiale, lo sciogliersi successivo dei lacci di una serie senza fine di scatole di cartone negli archivi.[44]

È essenziale, allora, costruire una memoria artificiale della memoria artificiale. In questo contesto, il tempo non è una linea retta ma un flusso che possiamo navigare in molteplici direzioni. Le storie della IA e i miti che l'accompagnano non seguono un percorso lineare ma si intrecciano e si sovrappongono, creando una mappa complessa e ricca di significati. Esploriamo queste narrazioni con la consapevolezza che ogni dettaglio, ogni aneddoto, può rivelare nuove prospettive e connessioni. Perché

> il passato è accessibile attraverso lo studio, quindi attraverso la conoscenza delle fonti – ovvero delle sue tracce, non mnestiche ma tangibili (ossa, simulacri, scritture). O altrimenti – ed è l'unica altra via – attraverso narrazioni mitiche, quindi attraverso racconti non situabili nella successione temporale.[45]

Questa integrazione di prospettive non solo arricchisce il nostro sapere, ma rispecchia anche la complessità intrinseca della conoscenza umana, dove il passato e il presente si intrecciano in una trama narrativa senza soluzione di continuità. È attraverso questa lente che possiamo riscoprire le antiche tecniche della memoria e il loro impatto sulla nascita della IA.

Antiche tecniche della memoria

Abbiamo appurato nel capitolo precedente che Swift non amasse Leibniz. E nemmeno Lullo. Eppure questi due pensatori rappresentano il culmine di una storia importante per l'IA contemporanea: quella della memoria che, come ci ricorda la storica Frances A. Yates,

> riesce ad abbracciare la storia della cultura nel suo complesso. Le barriere tra le diverse discipline, tra scienze naturali e scienze umane, tra arte e letteratura, tra filosofia e religione, spariscono nella storia della memoria.[46]

La nostra ipotesi è che la matrice più profonda dei sistemi informatici che definiscono l'IA generativa vada ricercata proprio nella mnemotecnica e nel suo sviluppo. Avventuriamoci quindi nella storia (analogica) delle tecniche mnemoniche e dei dispositivi mnemonici.

La questione, ancora una volta, ha radici lontane. Già Aristotele parla di strategie mnemoniche, ma è Cicerone a erigere un vero e proprio monumento teorico alla mnemotecnica nel suo *De Oratore* (55-54 a.C.). E, come in ogni buona trattazione, anch'egli rivendica le origini di questa tecnica e le trova in un poeta lirico greco del 400 a.C., Simonide. Cicerone riporta la leggenda secondo cui il poeta, invitato a un banchetto a casa di un certo Scopa, assentatosi e uscito momentaneamente dall'abitazione scampa a un fragoroso crollo che invece condanna tutti gli altri invitati. L'impatto della rovina è tale che i corpi risultano talmente maciullati da essere irriconoscibili. Ma è Simonide a risolvere il problema, ricordando perfettamente il posto occupato da ogni ospite. Per Cicerone questa storia rivela senza ombra di dubbio il fatto che la memoria può essere facilmente allenabile secondo un modello visivo. Associare dei nomi, degli oggetti, dei pensieri ai «luoghi» e alle «immagini» è il dispositivo che il filosofo romano propone e su cui basa la sua personale mnemotecnica. Un elemento, quest'ultimo, di fondamentale importanza perché lega in maniera indissolubile la costruzione di magazzini (leggi database) di memoria (leggi dati e informazioni) alla vista e alla visione. Vedremo in seguito la crucialità di questa intuizione, e vedremo anche come si collega alla nascita della nuova generazione di IA: in quel ramo specifico dell'informatica che si chiama *computer vision*, che è quella disciplina che addestra le macchine a vedere e riconoscere le immagini. È proprio dall'esperienza dell'addestramento alla visione attraverso la costruzione di imponenti database che si definisce la strada per l'uso delle reti neurali per l'IA che portano direttamente alle IA generative.

Memex, Perceptron e RAM

Già nel 1945 Vannevar Bush pubblica sulla rivista «The Atlantic Monthly» un articolo ormai storico dal titolo *As We May Think*, nel quale getta le basi per l'ideazione del Memex (contrazione di *memory expansion*), una macchina in grado di memorizzare, archiviare e quindi riutilizzare testi e informazioni. Il Memex rappresenta il punto di contatto tra la tradizione della mnemotecnica e l'informatica, e in particolare con la branca di quest'ultima che sta sviluppando macchine pensan-

Il Memex.

ti. Il lavoro del Memex è basato sulla memoria e sul mettere a disposizione i dati memorizzati per nuovi percorsi attraverso l'associazione rapida.

Circa dieci anni più tardi, e precisamente nel 1957, Frank Rosenblatt presenta il Perceptron presso il Cornell Aeronautical Laboratory di Buffalo:

> Il Perceptron era una specie di fotocamera che poteva essere istruita a prendere una decisione – con un consistente margine di errore – come ad esempio riconoscere una forma visuale (per questo motivo era definita una macchina «intelligente»).[47]

Nella storia della memoria risiede uno dei fondamenti del processo di sviluppo dei computer e della IA. Una storia che prende anche il nome di RAM: si tratta del *Random Access Memory*, ovvero della memoria ad accesso casuale che permette un recupero rapido e specifico, a differenza della memoria ad accesso sequenziale i cui dati sono disposti in sequenza, rendendo difficile e macchinoso accedere ai punti che si vogliono utilizzare. Si tratta del cuore della macchina ideata da von Neumann già negli anni Quaranta, che ancora oggi sta alla base dei nostri computer. La RAM permette quindi di immagazzinare velocemente i dati che verranno lavorati dall'unità centrale del computer, il CPU (*Central Processing Unit*). Diverso è invece l'utilizzo dei dati in memoria su disco rigido, disco esterno o in *cloud*. E diverso ancora è il database, un insieme di dati strutturati e archiviati elettronicamente. In ogni caso, ciò di cui parliamo sono sistemi per memorizzare e concentrare in un luogo dati che verranno estratti e utilizzati solo nel momento in cui l'archiviazione sarà stata realizzata, marcandoli, segnandoli e strutturandoli. In altre parole, non solo la memoria fa funzionare i nostri computer e ci permette di avere a disposizione notevoli masse di informazioni; è altresì ciò che sostanzia quegli archivi che alimentano gli algoritmi delle IA.

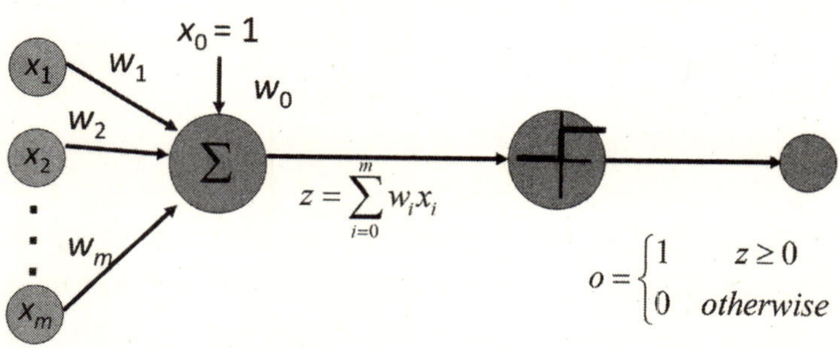

Perceptron.

Possiamo aggiungere anche un altro tassello che ci aiuta a leggere la questione tecnologica contemporanea: l'IA rappresenta uno stato evolutivo dell'informatica laddove alla preminenza del calcolo, della programmazione e dello sviluppo si sostituisce la memoria, ossia la conservazione e l'elaborazione dei dati e i sistemi per trasmetterli. Si tratta di un tassello ulteriore della storia della memoria, che è sempre storia della memoria artificiale e, quindi, dell'intelletto artificiale. L'informatica se ne è gradualmente resa conto, e oggi sta subendo una metamorfosi che l'ha trasformata in un vero e proprio sistema di conoscenza. In questo passaggio si radica il fondamento sempre più umanistico della disciplina.

Le tecniche di Giovanni Fontana e Raimondo Lullo

Ma ritorniamo alla mnemotecnica, una disciplina che vede nel corso del tempo avvicendarsi diversi protagonisti del pensiero oltre quelli già citati come, per esempio, Quintiliano, Tommaso d'Aquino e Pietro da Ravenna. Tra il Duecento, il Trecento e il Quattrocento fiorisce lo studio sulla memoria: troviamo opere come l'anonima *Ars Memorativa* pubblicata a Bologna nel 1424, *Artificialis Memoriae Regulae* di Jacopo Ragone da Vicenza del 1434 e *Secretum de Thesauro Experimentorum Ymaginationis Hominum* del 1430 di Giovanni Fontana. Quest'ultimo è una particolare figura di erudito, ingegnere e scienziato, che pone le basi per

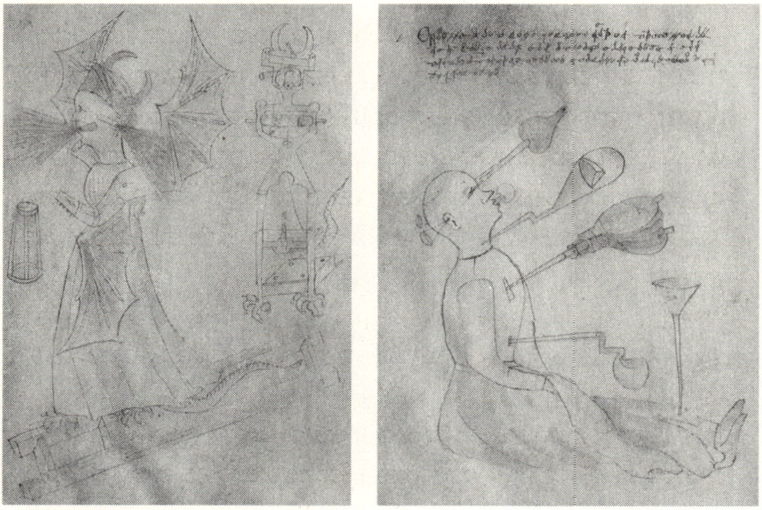

Gli automi di Giovanni Fontana.

una memoria artificiale molto interessante: non una mera imitazione della memoria «naturale» ma, proprio per il suo carattere «artificiale», uno strumento che consente di creare un mondo *altro* di rappresentazioni, che a loro volta hanno la caratteristica di essere manipolabili. Seppure in via del tutto teorica, stiamo parlando già di IA generativa. Ma non si ferma qui il genio anticipatore di Fontana, perché queste memorie artificiali devono essere a suo avviso delle vere e proprie macchine. Congegni realizzati con ruote, cilindri, nastri, catene e rotelle, e tutto l'armamentario meccanico che sta alla base dei meccanismi di precisione del tempo.

La figura davvero fondamentale di questa storia è però un'altra: il filosofo catalano Raimondo Lullo. Nella sua opera possiamo rinvenire almeno due elementi essenziali per far luce sul processo che porta alla logica della IA contemporanea: da una parte l'importanza data alla memoria e alla combinatoria, dall'altra quella offerta all'enciclopedismo. Ma andiamo con ordine: Lullo è convinto di poter costruire un sistema (quasi matematico) per memorizzare gli elementi fondamentali del sapere e poi, attraverso un dispositivo logico che poteva anche essere macchinico nelle intenzioni, combinarli. Una leggenda, che – va detto – pare essere completamente falsa, lo vede come predicatore nell'Africa settentrionale. Avrebbe attraversato città e paesi di quel territorio accompagnato da un macchinario in grado di mostrare gli elementi essenziali della teologia, combinandoli in sequenze sempre più complesse che avrebbero orientato il discorso verso un'unica soluzione logica: la veridicità unica e incontestabile del cristianesimo. Si tratta di una serie di tabelle di carte rotanti che organizzano il pensiero autonomamente secondo alcune regole matematiche. La leggenda però non ha un lieto fine: si racconta infatti che Lullo avrebbe trovato la morte proprio in una di queste piazze, ucciso violentemente da una folla contrariata dalla sua predicazione. Effettivamente pare che Lullo morì a Maiorca più che ottantenne, ma la volontà di consegnarlo alla storia, addirittura nella veste di martire, la dice lunga sulla fama e sull'aura mitica che questo personaggio, attivo tra la fine del Duecento e gli inizi del Trecento, era riuscito a creare.

In Lullo ritroviamo il tentativo di creare una tecnica per la memoria e anche una per la combinatoria in modo da rendere il pensiero «artificiale», e quindi estrapolare le funzioni intellettive e renderle più facili all'utilizzo. Ma non solo. Come si diceva, con la sua opera *L'albero della scienza* Lullo ha lasciato anche una straordinaria traccia per il successivo espandersi e consolidarsi dell'*enciclopedismo*, che ha un ruolo altrettanto importante per l'informatica. È con l'idea di enciclopedismo che si confrontano oggi i grandi archivi e database. Con le questioni, cioè, inerenti alla loro costituzione, la marcatura dei testi e delle informazioni presenti, le questioni legate all'accesso e così via. Nell'*Albero della scienza*, infatti, Lullo non solo prova a costruire una sorta di atlante di tutto il sapere, ma lo costruisce adottando un sistema che, nel caso specifico, è quello gerarchico. Se ci spostiamo in epoca rinascimentale troviamo un altro personaggio chiave per la nostra storia. Si chiama Matteo Ricci ed è un famoso gesuita e matematico che dedica la propria vita all'evangelizzazione. La sua missione lo porta fino in Cina durante la dinastia Ming. E in Cina, precisamente a Pechino, morirà nel 1610. Matematico, appassionato di meccanismi di precisione (pare che discusse a lungo di ciò con gli intellettuali confuciani, mostrando un orologio automatico di sua costruzione), era un prosecutore delle idee di Lullo nel campo della mnemotecnica e della combinatoria. Così come lo era anche il ben più famoso Giovanni Pico della Mirandola, passato alla storia proprio per le sue qualità mnemoniche.

La memoria artificiale di Giordano Bruno

Anche Leonardo Da Vinci faceva uso di tecniche di memoria, ma l'intellettuale che più di ogni altro spinge queste discipline verso l'utilizzo contemporaneo è Giordano Bruno, che possiamo definire un vero e proprio anticipatore delle architetture di IA, soprattutto per essere partito dallo studio della mnemotecnica e della combinatoria per poi farle aderire alla logica.

Nel 1582 Giordano Bruno pubblica due opere fondamentali: *De Umbris Idearum* e *De Architectura Lulliana*. In entrambe si parla di mnemotecnica e di combinatoria. In particolare nel *De Umbris* Bruno propone di trasformare la memoria naturale in «memoria artificiale» attraverso una serie di tecniche psicotrope. Alla base del suo progetto rinveniamo la ricerca delle giuste informazioni, la loro sistemazione e quindi l'arte (*artificialis*) di trovarle quando necessitano: immagazzinare, cercare, trovare e quindi inventare secondo procedimenti logici. Bruno parla espressamente di «memoria artificiale» in cui il termine «memoria» – come annota il curatore italiano del *De Umbris* Claudio D'Antonio – è una sineddoche per intendere «intelligenza».[48] Giordano Bruno addiviene al concetto di IA interrogando le arti della memoria e quelle della combinatoria, e immergendole in una dimensione logica. Se avesse fatto ricorso anche alla statistica avremmo avuto il perfetto sistema di una IA generativa.

È indicativo anche il fatto che Bruno usi il termine «strumento» per parlare della costruzione artificiale di

Un esempio di ruota mnemonica.

un metodo che ha alcune funzioni fondamentali: «discerne», «separa» e «ordina».

Bruno si serve di un'immagine per dare evidenza al suo costrutto: una ruota, o meglio diverse ruote concentriche che recano con sé numeri e immagini. La ruota come meccanismo computazionale che assomma a sé le funzioni della mnemotecnica e quelle della combinatoria ha origini lontane. Ne costruiva e ne faceva uso già nel Trecento lo studioso Ibn Khaldun. La sua *zairja* è infatti un cerchio che racchiude altri cerchi concentrici. Ogni cerchio è a sua volta suddiviso in sezioni attraverso linee che convergono in centro. Ogni sezione corrisponde a un simbolo, a una lettera e a un numero, e la possibilità di muovere ogni sezione permette al dispositivo di scoprire il soprannaturale. O meglio, interrogare come un oracolo i misteri della natura. Un oracolo proprio come sono «predittivi» i software «intelligenti» con cui abbiamo a che fare noi oggi.

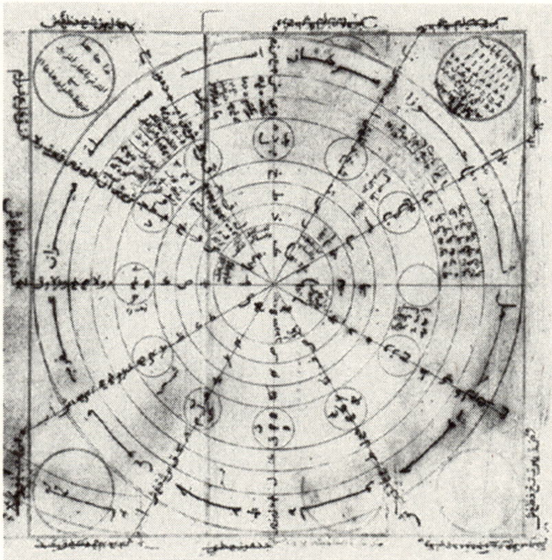

La *zairja* di Ibn Khaldun.

È difficile non trovare una vicinanza con le ruote a tamburo che vanno a costituire l'anima meccanica degli automi, e che abbiamo visto essere il cuore meccanico e pre digitale della macchina di Leibniz. Gli stessi tamburi meccanici e le stesse ruote a ingranaggi che muovono i calendari (come quello «Meccanico universale» del 1831 di Antonio Amedeo Plana, oggi conservato nella Cappella dei Mercanti di Torino) o i clavicembali per la scrittura (come quello del 1857 di Ravizza, conservato al Museo della Scienza di Novara), e in generale i primi strumenti musicali a programmazione.

E proprio gli strumenti musicali possono vantare illustri antenati, e cioè macchine di produzione di suoni che computano dati e simboli in maniera matematica e che quindi possono generare autonomamente testi. Una delle più famose e antiche di queste macchine è sicuramente l'*Organum Mathematicum* di Kircher. Uno strumento, per l'appunto. Una grande cassa di legno che racchiude colonne e asticelle che possono muoversi attraverso una vera e propria programmazione e che possono generare musiche, poesie, scritti e fare calcoli complessi come quello del calendario pasquale. Ma si possono ricordare anche le *Wunderkammer* dei poeti barocchi tedeschi del XVII secolo che erano, anche in questo caso, dei grandi mobili di legno che alla loro apertura producevano musiche e poesie.

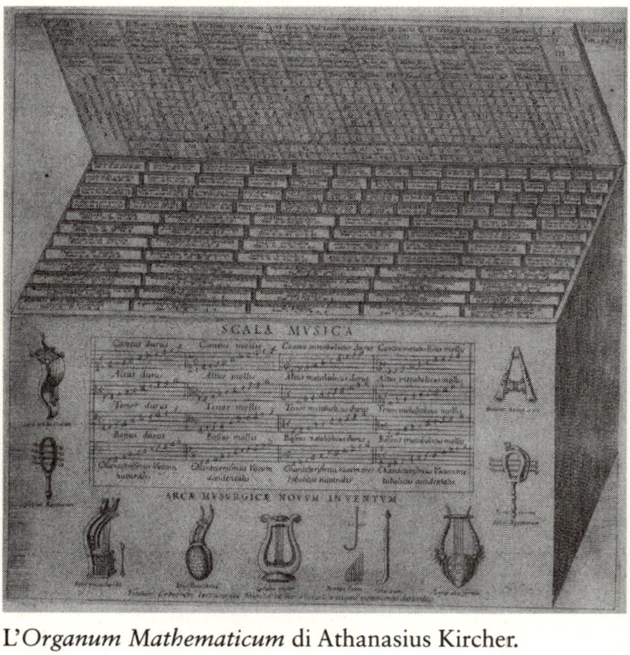

L'*Organum Mathematicum* di Athanasius Kircher.

Giordano Bruno, figura peculiare e tragica, vista la sua cruenta morte avvenuta sul rogo dopo essere stato accusato di eresia, in vita viene assimilato a un mago. Appellativo che si ritaglia un campo semantico piuttosto ampio, come abbiamo visto in precedenza, che va da colui che detiene conoscenze profonde della natura a chi si diletta in pratiche oscure. La sua sapienza spiccava e non è difficile ravvisarvi una figura di confluenza tra antico e moderno, proprio per la sua propensione a pensare in maniera enciclopedica.

Prospero, il duca di Milano in esilio ma circondato dai suoi libri, protagonista del dramma di William Shakespeare scritto a undici anni di distanza dalla morte del nolano e intitolato *La tempesta*, è una figura che rimanda evidentemente a Giordano Bruno.

Ne è perfettamente conscio anche il regista Peter Greenaway, che gira la sua personale rilettura cinematografica dell'opera di Shakespeare dal titolo *Prospero's Books*, concentrando l'attenzione proprio sulla biblioteca dell'ex duca di Milano, relegato in un'isola abitata solo dalla figlia adolescente e da una serie di spiriti. Il Prospero visto da Greenaway è la somma dei suoi libri, degli scritti e delle immagini che si dipanano davanti a lui e che lui stesso predispone e combina, raggiungendo così un potere superiore, «magico», per l'appunto. La grotta abitata da Prospero è una vera e propria biblioteca, in cui vengono accumulati saperi provenienti da tempi e da luoghi diversi. Una biblioteca di informazioni memorizzate che viene consultata secondo pratiche combinatorie. Una vera e propria memoria artificiale, quindi, che rappresenta anche un passaggio di statuto piuttosto interessante. Se agli inizi parliamo della mnemotecnica come di uno strumento utile ai predicatori, ai politici, ai letterati e ai giuristi (così almeno dal Trecento al Cinquecento), e quindi come di una pratica basata sui principi ciceroniani riletti da Lullo, con Bruno invece questa diventa un vero e proprio sistema di pensiero: l'artificio mnemonico e combinatorio passa dall'essere un mero supporto al parlare a un vero e proprio sistema di comprensione (e modifica) del mondo.

Le macchine spettacolari di Francesco Bacone

Organizzare e ordinare i contenuti della storia naturale: questo è l'intendimento di Francesco Bacone espresso nel *Novum Organum*, opera capitale del 1620. Un ideale che si allaccia perfettamente a quello cartesiano ma che denuncia le radici immerse nella combinatoria lulliana (e quindi nella mnemonica ciceroniana), e che si salda perfettamente in un discorso sull'ordinamento (*ordinateur* è anche la maniera in cui viene chiamato in francese il computer) e sulla rielaborazione («computazione» in quanto «calcolo» secondo regole logiche e statistiche) che definisce le IA contemporanee. Organizzare il sapere anche servendosi di macchine, come il filosofo sembra preconizzare nel suo *La nuova Atlantide*, pubblicato postumo nel 1626, in cui descrive una società utopica amministrata dagli scienziati in cui, oltre a macchinari di ogni tipo che sembrano concorrere a distanza con quelle descritte da Vitruvio:

> Possediamo diversi strani orologi che si muovono in modo ricorrente, e altri capaci di moto perpetuo. Imitiamo i movimenti di tutte le creature viventi, degli uomini, degli animali, dei pesci e dei serpenti. Abbiamo un gran numero di apparecchi capaci dei più vari movimenti, mirabili per la loro regolarità, perfezione e sensibilità. [...] Abbiamo infine le «Case per gli inganni dei sensi» ove compiamo ogni genere di giochi di prestigio, di false apparizioni, di illusioni, di imposture con i relativi inganni. Potrai certo capire facilmente come noi, che possediamo tante cose che, pur essendo perfettamente naturali, generano stupore, potremmo in molti casi particolari ingannare i sensi, se volessimo mascherare queste cose e farle apparire miracolose.[49]

Macchine spettacolari che imitano i sensi umani e che, quindi, ingannano. Bacone propone la questione morale di una tecnologia che sa spingersi verso l'artificio totale, fino a imitare gli organi e le funzioni umane. Possiamo immaginare che arrivino a simulare anche la funzione intellettiva.

> Ma noi odiamo ogni impostura, ogni menzogna, al punto che è severamente proibito a tutti noi confratelli, sotto pena di ignominia e di ammenda, di alterare o di ampliare le opere da noi ottenute per via naturale, e ci è fatto obbligo di farle conoscere nella loro realtà e senza nessuna affettazione di mistero.[50]

Possiamo quindi leggere Bacone secondo una prospettiva inedita, in un percorso che parte dall'enciclopedismo e dall'immagazzinamento di sapere per arrivare alla creazione di macchine che, imitando le funzioni umane, attingono a quei saperi. A quel database. Un sogno, un'utopia da cui però Bacone ci mette anche in guardia dalla potenziale deriva distopica.

Le formule di Hobbes

Ancora più circostanziato rispetto alle IA è il discorso portato avanti da Thomas Hobbes, sempre nel segno della combinatoria. Secondo Hobbes, il ragionamento consiste nel compiere operazioni di tipo matematico. La ragione stessa è come una macchina calcolatrice:

> Quando si *ragiona* non si fa altro che concepire una somma totale dall'*addizione* di particelle, o concepire dalla *sottrazione* di una somma da un'altra; ciò (se è fatto mediante vocaboli), è concepire la conseguenza dei nomi di tutte le parti con il nome dell'intero, o dai nomi dell'intero e di una parte con il nome dell'altra parte. [...] i logici nel campo delle *conseguenze* dei vocaboli, addizionando insieme due *nomi* per fare un'*affermazione*, due *affermazioni* per fare un *sillogismo*, parecchi *sillogismi* per fare una *dimostrazione*; e dalla *somma*, o *conclusione* di un *sillogismo*, sottraggono una *proposizione* per trovare l'altra.[51]

Ma c'è un passaggio ancora più straordinario: «Insomma, in qualsiasi materia in cui c'è posto per l'*addizio-*

ne e la *sottrazione*, ivi c'è pure posto per la *ragione*; e dove queste non trovano posto, ivi la *ragione* non ha niente da fare».[52]

Hobbes stipula una connessione tra parola e ragione (e quindi intelligenza). Ma fa ancora di più quando afferma che:

> Da tutto ciò possiamo definire (vale a dire determinare) che cosa si vuol dire con questo vocabolo *ragione* quando lo calcoliamo tra le facoltà della mente. Infatti la RAGIONE in questo senso non è che il *calcolo* (cioè l'addizione e la sottrazione) delle conseguenze dei nomi generali su cui c'è accordo per *contrassegnare* e *significare* i nostri pensieri; dico *contrassegnarli*, quando li calcoliamo per noi stessi e *significarli*, quando dimostriamo o proviamo i nostri calcoli agli altri uomini.[53]

Hobbes cala la sua visione del linguaggio nella matematica e nella logica, legando in maniera indissolubile mnemonica, combinatoria, logica e formalismo matematico. Getta così le fondamenta per la realizzazione di algoritmi intelligenti in grado di competere con il linguaggio naturale. Seguendo il ragionamento di Hobbes, una macchina può essere in grado di parlare e di conversare con noi oppure di generare testi, dal momento che i processi di pensiero e di linguaggio possono essere formalizzati secondo modelli matematici. O altrimenti detto, il linguaggio e il pensiero possono essere ridotti ad algoritmi.

Per il filosofo inglese, quindi, il ragionamento non è altro che un insieme di operazioni matematiche: ogni pensiero, ogni parola, non sono altro che numeri e operazioni da combinare e manipolare. Ragionare significa essenzialmente sommare e sottrarre, proprio come un mercante annota i propri affari. È una visione radicale, che vede la mente umana come una macchina calcolatrice, capace di ridurre le complessità del pensiero a semplici operazioni aritmetiche. Sommando e sottraendo idee, costruendo affermazioni e dimostrazioni, la mente organizza il caos del mondo in un ordine logico e comprensibile. La visione di Hobbes è una delle prime a suggerire che il linguaggio e il pensiero possano essere ridotti a semplici algoritmi, precorrendo di vari secoli l'avvento della IA.

I computer, con i loro algoritmi sofisticati, realizzano la visione hobbesiana, dimostrando che tutto il linguaggio e tutto il pensiero possono essere ridotti a operazioni logiche e matematiche. Ma questa dimostrazione è volutamente incompleta.

Non è tutto calcolo ciò che pensa

In un video di introduzione alle materie scientifiche per le scuole, il matematico Paolo Zellini ha inaspettatamente espresso il proprio dispiacere nei confronti dell'idea che la matematica venga insegnata nelle scuole dell'obbligo.

> Purtroppo la matematica viene insegnata a scuola, quindi il primo approccio che uno ha o subisce nell'apprendimento della matematica è quello scolastico. Questo è un guaio, perché ovviamente l'insegnamento scolastico sem-

> plifica certe procedure quindi chiede soprattutto una disposizione nel discepolo: imparare in fretta a fare i calcoli velocemente.[54]

Solitamente la velocità viene concepita come dimostrazione dell'intelligenza, e prevale un aspetto formale e calcolistico della matematica. Ciò che sfugge e che non viene insegnato è il valore di conoscenza che ha questo calcolo. Zellini ha riflettuto a lungo sul ruolo della matematica nella cultura, nella filosofia e nella comprensione stessa dell'esistenza umana, attraverso numerosi strumenti e concetti tra cui l'arcinoto teorema di Pitagora. Ma tale teorema, spiega il matematico, è stato concepito da una cultura arcaica radicalmente diversa dalla nostra e, per questo, andrebbe letto e interpretato innanzitutto secondo i canoni di quella cultura, per quanto possibile. Sapere che la somma delle aree dei quadrati costruiti sui cateti è uguale all'area del quadrato costruito sull'ipotenusa senza sapere il *perché* questo accada significa possedere una conoscenza parziale, finalizzata esclusivamente all'obiettivo e non alla comprensione delle cose. C'è molto di più, nella matematica, che la soluzione ai problemi.

> È un arbitrio separare il significato del Teorema dalle speculazioni filosofiche che l'hanno accompagnato per secoli. Purtroppo la separazione è un fatto ormai consumato, che ci ha indotto a sacrificare una scienza potenzialmente intrisa di valori sapienziali, in grado di integrarsi con i massimi problemi della morale e della metafisica.[55]

Questo dovrebbe essere l'anelito della IA: non limitarsi solo a standard di verità provata e obiettiva, ma anche «profilarsi come un sapere motivato da un proposito più esteso, coinvolgente l'intero destino dell'essere umano».[56]

È questo un pensiero cruciale che va affiancato alla visione hobbesiana, grazie al quale possiamo avere molto più chiaro cosa potrebbe significare connettersi al polo analogico della IA: prendere in considerazione la radice mistica della matematica, il suo scopo *daimonico*, ossia di intermediario tra umano e divino, tenendo insieme il significato dei teoremi e le speculazioni filosofiche che li hanno accompagnati nel corso dei secoli. Così come la matematica non deve «limitarsi all'obiettività», nel progettare e pensare le nuove tecnologie intelligenti dobbiamo includere quel «sapere motivato da un proposito più esteso» che ha acceso la miccia della meraviglia. Scrive a proposito Zellini:

> Weyl osservava che la matematica è una scienza antichissima, e che senza i concetti, i metodi e i risultati dei secoli precedenti, retrocedendo fino ai greci, noi non saremmo in grado di capire il significato delle ricerche dei primi decenni del Novecento. Ma Weyl aggiungeva pure che quel significato, così duramente conquistato, si era fatto ormai relativamente estraneo all'intima natura dell'essere umano, passata in subordine di fronte alla luce intensa e brillante, ma sostanzialmente fredda, delle più complesse e stupefacenti teorie matematiche.[57]

Ecco un grande suggerimento: alla luce fredda, sebbene intensa e brillante, della riduzione del ragionamento al calcolo che sta al fondo delle IA, dobbiamo affiancare necessariamente un ritorno ai concetti oggi assenti degli antichi. Ossessionati dal *come*, abbiamo dimenticato il *perché*. Ma è dai perché che fiorisce la matematica e, quindi, l'IA. E, senza il perché, semplicemente la vita non ha senso.

Il fatto è che siamo soliti accettare la frattura tra ragione e sentimento, scienza e spiritualità, *quindi* concetto ed estasi. Associamo allora la matematica (e di conseguenza l'IA) a una sola categoria, convinti che ciò che è scientifico non possa in alcun modo riguardare il destino, l'anima o il mito.

Come scrive Zellini ne *La dittatura del calcolo*: «Il criterio più diffuso per confrontarci con la macchina non poggia tanto su una presunta idea di coscienza o di libertà» ma «su un'imperiosa categoria di efficienza, a tutto vantaggio della macchina».[58]

È come se il senso del viaggio da A a B consistesse soltanto nella velocità con cui si compie la tratta, e ogni esperienza ulteriore – di smarrimento, di contemplazione, di meraviglia o di confusione – rientrasse in ogni caso nella categoria della deviazione e, quindi, dello spreco. Con il pericolo, tutt'altro che improbabile, che «se l'efficienza diventasse realmente l'unico vero scopo, lo stesso pensiero rischierebbe di ridursi, infine, a una funzione puramente ancillare».[59]

Perché, come scrive ne *Il teorema di Pitagora*:

> Possiamo presumere che l'insegnamento di Pitagora non soffrisse di una simile estraneità, e che le sue teorie potessero aiutare a decifrare proprio quella sfera dell'anima che

> oggi siamo soliti contrapporre alla ragione scientifica. Ricondurre ogni cosa al numero aveva come presupposto la possibilità di estendere il campo di influenza degli enti matematici all'ambito interiore, con l'effetto di risolvere, nell'unità di interiore ed esteriore, una delle più tormentose contrapposizioni nella storia del pensiero in Occidente.[60]

È il numero stesso a essere il grande ponte tra interno ed esterno. Quel numero che oggi è diventato la base di ogni strumento tecnologico era, con Pitagora e agli esordi della matematica, un ponte per l'altrove.

Le cose sono numeri

Dire che «le cose sono numeri» – come per esempio le immagini, i testi e i suoni di cui si nutrono le IA generative – non significa soltanto che tutto è scomponibile in bit e token ma soprattutto che, se i numeri sono «divini», tutte le cose partecipano al divino. La conseguenza inaggirabile dell'equazione sterile ragione=calcolo, al contrario, è che il mondo sia interamente sprovvisto d'incanto e di alterità.

Le cose sono numeri, secondo l'espressione pitagorica più radicale, va inteso quindi nel senso con cui Erwin Schrödinger alludeva alla celebre scoperta di Pitagora concernente le suddivisioni intere o razionali di una corda, capaci di produrre intervalli musicali: «Tali intervalli, integrati nell'armonia di un canto, possono emozionarci fino alle lacrime perché parlano, per così dire, direttamente alla nostra anima».[61]

Il fatto che le cose siano numeri e che l'armonia sia il frutto del rapporto tra numeri significa che le meccaniche divine si esprimono attraverso il linguaggio matematico, connettendo l'anima umana all'ordine cosmico. È la «parte di verità» dei selvaggi kafkiani che, nell'introduzione a questo libro, confondevano tuono e sparo. Provare a pensare l'IA in questi termini significa riconnetterla con le radici mistiche e filosofiche della matematica, vedendola sì come una minaccia alla nostra umanità nel suo esser parte di una *dittatura del calcolo*, ma anche come una estensione possibile della nostra ricerca di significato e comprensione dell'universo. Vuol dire riconoscere che, nel suo nucleo più profondo, potrebbe essere molto più di ciò che l'abbiamo ridotta a essere: non un calcolatore avanzato ma un'espressione privilegiata della complessità e del mistero che permeano l'esistenza.

L'IA e la nascita della filosofia

L'IA potrebbe allora diventare uno straordinario strumento filosofico, a patto di saperla usare e immaginare. Per farlo, però, dobbiamo prima accordarci intorno a cosa intendiamo con «filosofia»: Pitagora è stato il primo a dare a questa disciplina il suo nome, e nelle parole di Zellini risuonano quelle di Giorgio Colli, secondo il quale la filosofia è nata dalle ceneri ardenti della sapienza.

> Quanto precede la filosofia, il tronco per cui la tradizione usa il nome di «sapienza» e da cui esce questo virgul-

> to presto intristito, è per noi, remotissimi discendenti – secondo una paradossale inversione dei tempi – più vitale della filosofia stessa.[62]

Occorre allora tentare di risalire alle spalle della sapienza, quando nella Grecia del VI secolo coesistevano una visione del mondo antica, *politica*, e una, antitetica a quella e nuova, *mistica*: dall'urto di queste due forze contrastanti nasce il miracolo della filosofia greca. È proprio la filosofia pitagorica a fondare il linguaggio del pensiero razionale dei greci. Ma bisogna fare molta attenzione a non dare per scontato il senso profondo dei termini: cosa intendeva con *razionalità* Pitagora? La risposta di Zellini a questa domanda è chiarissima:

> Ciò che noi estraiamo dalla dottrina pitagorica come contenuto puramente razionale rispondeva in realtà a un'idea di ragione e a una nozione di natura ben diverse dalle nostre, e andrebbe quindi commisurato con un più ampio complesso di dottrine magiche e filosofiche.[63]

Per i pitagorici, la «ragione» non era limitata al pensiero logico-deduttivo così come lo intendiamo oggi. Includeva intuizioni mistiche, esperienze spirituali e una comprensione olistica del cosmo. La matematica, per loro, non era solo uno strumento di calcolo, ma un mezzo per accedere alle verità fondamentali dell'universo. Allo stesso modo la «natura» per i pitagorici non si limitava al mondo fisico osservabile. Includeva realtà invisibili, armonie cosmiche e principi metafisici. I numeri non erano semplici astrazioni ma entità reali che costituivano il tessuto stesso della realtà. Ciò che noi oggi separiamo come razionale e mistico era, per i pitagorici, parte di un unico *continuum* di conoscenza. Le loro scoperte matematiche erano intrecciate con pratiche spirituali, rituali e visioni cosmologiche complesse. Per comprendere veramente il pensiero pitagorico dobbiamo considerarlo nel contesto delle altre dottrine filosofiche e magiche del suo tempo: influenze orfiche, pratiche sciamaniche e concezioni cosmologiche pre-socratiche che erano parte integrante del loro modo di pensare. Per immaginare meglio l'IA, allora, dobbiamo ricordare che la matematica su cui si basa non è solo un insieme di regole e calcoli, ma ha origini profondamente spirituali e mistiche. Come i pitagorici vedevano nei numeri le chiavi per comprendere l'armonia cosmica, gli algoritmi della IA potrebbero non essere soltanto strumenti computazionali, ma anche possibili espressioni di un ordine dell'universo.

> La matematica era lo strumento ideale per esprimere i contenuti di una sapienza oracolare. Quello che era perfettamente condensato in una sola frase si poteva esprimere in modo ancora più sintetico, più perfetto e più vicino all'immaterialità divina, in una semplice formula, in un teorema o in una figura geometrica capace di svelare contenuti inimmaginabili. La matematica si profilava così come una scienza oggettiva, lontana dalla soggettività dei sentimenti e dalle passioni personali, ma il suo carattere sapienziale poteva cogliere verità universali sulla sostanza dell'essere umano.[64]

La lingua artificiale

Torniamo alla nostra storia analogica della IA. Dopo Hobbes, ci vorrà ancora tempo per identificare definitivamente la combinatoria con il calcolo. Un'idea che sarà poi ripresa da Leibniz.

Possiamo quindi appuntare una serie di passaggi nodali: Hobbes definisce ogni operazione mentale come *computatio*. Da Lullo a Hobbes si arriva a Leibniz, in una costruzione sempre più evoluta che dalla memoria passa alla combinatoria e si allea con il calcolo e la logica. Ciò che renderà davvero unici i software di oggi è il ricorso alla statistica, fondamentale per un pensiero che deve esaminare un'immensa mole di dati.

Ma in questo passaggio si intravede una traiettoria ben definita, che è la storia di una «lingua artificiale». Per Leibniz l'idea di lingua artificiale significa una nuova e più efficace forma di comunicazione tra gli uomini, ma anche una scrittura universale adatta a costruire dimostrazioni infallibili, proprio come in algebra e in aritmetica. In questo modo accosta i metodi della combinatoria a quelli della matematica. Inoltre parla espressamente dell'adozione di un sistema «digitale», introducendo l'idea di calcolo binario (basato quindi sui numeri 0 e 1) e divenendo così il vero grande antecedente dei linguaggi macchina contemporanei. Questo strabiliante progetto, che Leibniz chiama «caratteristica universale», si basa su tre principi ben spiegati dallo studioso Paolo Rossi:

1. Le idee sono analizzabili ed è possibile rintracciare quell'alfabeto dei pensieri che è costituito dal catalogo delle nozioni semplici o primitive.
2. Le idee possono essere rappresentate simbolicamente.
3. È possibile una rappresentazione simbolica delle relazioni tra le idee e, mediante opportune regole, è possibile procedere alla loro combinazione.[65]

Il mulino di Leibniz e l'algoritmo

Dalla parola alla IA, passando per la memoria e la combinatoria. Nei secoli si sviluppa in Occidente un sistema di rappresentazione che si affida alla matematica per gestire i simboli, ma soprattutto un sistema «artificiale» che è sempre più autonomo.

Anche se è lo stesso Leibniz ad avvisarci che un conto è la possibilità di formalizzare i processi (e quindi di giungere a formule in grado di descrivere, spiegare e replicare i meccanismi), ben altro è pensare che tutto questo sia paragonabile alla percezione umana. Il filosofo ci propone a questo proposito il tema del «mulino», una macchina complessa, eppure...

> D'altronde bisogna ammettere che la percezione e quello che ne dipende sono inesplicabili mediante ragioni meccaniche, cioè mediante figure e movimenti. Se immaginiamo una macchina costruita in modo che pensi, senta, percepisca, si potrà concepire che venga ingrandita conservando le medesime proporzioni, in modo che vi si possa entrare come in un mulino. Ciò fatto, nel visitarla internamente, non si troverà

> altro che pezzi i quali si spingono scambievolmente e mai alcuna cosa che possa spiegare una percezione.[66]

Eppure uno strumento, un dispositivo per realizzare un sistema complesso di rappresentazione esiste, e oggi lo chiamiamo algoritmo. Ma cos'è davvero un algoritmo? È, usando ancora le parole di Paolo Zellini, lo «svolgersi in un numero finito di passi, da un insieme di dati iniziali fino a un risultato finale, nello spazio e nel tempo, secondo le modalità previste da una macchina».[67]

È un procedimento. Un procedimento che, sulla base di alcuni dati, permette di raggiungere un risultato o svolgere un'attività. La parola deriva dalla traduzione latina del nome del matematico persiano al-Khwarizmi, vissuto nel IX secolo d.C.; già nell'antico Egitto e in Babilonia abbiamo tracce di algoritmi, che erano fondamentalmente calcoli numerici. Gli algoritmi sono fondamentali nell'informatica e, in particolare, nella IA. Rappresentano la struttura teorica che consente di sviluppare software capaci di elaborare i dati utilizzati per alimentare i grandi database, che sono per esempio alla base di modelli avanzati come ChatGPT, Midjourney, Gemini e molti altri.

In altre parole, senza algoritmi efficaci non sarebbe possibile processare i dati in modo efficiente, né costruire modelli di IA avanzati. Gli algoritmi non solo organizzano e gestiscono i dati, ma ottimizzano anche le operazioni necessarie per l'apprendimento e il funzionamento dei sistemi di IA. Oggi, infatti, gli algoritmi servono per manipolare informazioni di qualsiasi natura e provenienza, e non più solo numeri. Possiamo dire che con l'informatica l'algoritmo diviene la chiave per risolvere problemi e per decifrare (o stabilire) un'organizzazione nelle informazioni. La sua origine va cercata nei linguaggi cifrati (ne abbiamo esempi da Giulio Cesare a Cicerone, fino a Leonardo da Vinci). La macchina *Colossus*, che Turing e il suo gruppo realizzano per decifrare la tedesca *Aenigma*, ne è un esempio lampante. Ma anche la letteratura ci ha regalato splendidi esempi di algoritmi volti a decifrare la natura nascosta dei messaggi in codice.

Algoritmi letterari

Nel racconto *Lo scarabeo d'oro* di Edgar Allan Poe (1843) troviamo un'accurata spiegazione di come decifrare un codice, e così attraverso una serie di operazioni, allo stesso tempo semplici e complicate, il protagonista William Legrand riesce a trasformare una a prima vista insignificante sfilza di numeri, punti e simboli in un messaggio che gli permetterà di rinvenire un antico tesoro sepolto. Allo stesso modo la mente più logica e

53‡‡†305))6*;4826)4‡.)4‡);806*;48†8¶60))85;1‡)
;:‡*8†83(88)5*†;46(;88*96*?;8)*‡(;485);5*†2:*‡(;4
956*2(5*—4)8¶8*;4069285);)6†8)4‡‡;1(‡9;48081;
8:8‡1;48†85;4)485†528806*81(‡9;48;(88;4(‡?34;48
)4‡;161;:188;‡?;

Il codice cifrato de *Lo scarabeo d'oro* di Edgar Allan Poe.

matematica della storia della letteratura, Sherlock Holmes, risolve un complicato messaggio cifrato fatto in questo caso di misteriose figure umane stilizzate. Nel racconto *I pupazzi ballerini* (1905), infatti, Holmes applica proprio un algoritmo di decifrazione, nello specifico un'analisi delle frequenze, che gli permette di estrarre da un messaggio criptato alcune ricorrenze, riuscendo così a formulare l'ipotesi che la figura che appare più volte corrisponda alla lettera che in inglese viene più utilizzata, vale a dire la «e». Da lì in avanti prova a ipotizzare altre ricorrenze, fino a giungere alla decriptazione di una singola parola che sblocca poco alla volta l'intero sistema cifrato. Elementare, Watson!

Il codice cifrato de *I pupazzi ballerini* di Arthur Conan Doyle.

5
Il sogno della biblioteca infinita

Le Sirene, figure mitiche descritte nel dodicesimo canto dell'*Odissea* di Omero, risiedevano su un'isola situata ai confini del mondo conosciuto, nei pressi di Scilla e Cariddi. Erano, anche per questo, il simbolo di pericoli insormontabili e della sottile linea che separa la ragione dalla follia. Le loro voci seducenti non si limitavano a incantare ma portavano alla rovina coloro che, perduti nella curiosità, osavano avvicinarsi troppo per ascoltarle.

Ulisse affronta questa prova guidato dai consigli di Circe, che lo sprona a farsi legare all'albero maestro dai propri compagni, mentre loro dovranno rifugiarsi sottocoperta con le orecchie protette dalla cera, così da sfuggire al canto mortale. Emerge quindi una domanda: perché è importante che Ulisse ascolti le Sirene? Per il «diletto di sentirne la voce», dice Circe. Peter Sloterdijk interpreta la seduzione delle Sirene come la capacità di narrare storie, di riassumere azioni e conferire significato all'esistente attraverso un canto che fonde emozioni e ragione.[68] Le Sirene promettono all'eroe di cantare il passato delle sue imprese, trasformandole in un poema per il futuro. È questa l'irresistibile attrattiva per l'eroe, per l'uomo che ha agito ma non ha ancora compreso il significato delle proprie azioni. Ciò che le Sirene offrono, quindi, è un desiderio fino ad allora sconosciuto: quello di scoprire il filo che tiene insieme la sua vita. L'IA è la rappresentazione contemporanea del canto delle Sirene; anch'essa promette una conoscenza vasta e capacità quasi illimitate. Offre all'umanità la prospettiva di raccontare con coerenza la propria storia e di guidare consapevolmente il futuro. Ma, come Ulisse, anche noi dobbiamo avere cura di approcciare quel canto con un equilibrio tra interesse e prudenza, utilizzandolo per esplorare e imparare, consapevoli delle sue limitazioni e dei potenziali pericoli. Dobbiamo imparare a legarci all'albero maestro, per non cadere vittime dell'illusione della conoscenza.

Le Sirene di Kafka

Il solito Kafka, però, complica le cose: nella sua riscrittura del mito racconta un Odisseo che, per difendersi dalle Sirene, si lasciò incatenare all'albero maestro, ma a differenza di quanto scrive Omero, fu lui a tapparsi le orecchie con la cera. Scrive a proposito Calasso:

> Allora apparteneva al sapere comune – e non solo di quei pochi che si ritiravano in solitudine a leggere romanzi d'avventure e a fantasticarci sopra – che la vita fosse innanzitutto l'attesa di essere posseduti da altre voci, che imponevano ogni felicità e ogni lutto. Si tramandava poi che le più irresistibili fra queste voci, tali da offrire la suprema felicità, e subito dopo la sicura rovina, fossero quelle delle Sirene.[69]

Secondo Kafka le Sirene hanno un'arma ancora più terribile del canto: il silenzio. Quando Odisseo arrivò, le potenti cantatrici non cantarono,

> sia che credessero che solo il silenzio potesse vincere quell'avversario, sia che, alla vista della beatitudine nel volto di Odisseo, che non pensava ad altro che a cera e a catene, dimenticassero affatto di cantare.[70]

A questo punto il mito di Kafka si biforca: in un primo momento Odisseo non udì il loro silenzio, credette che cantassero e che solo lui fosse protetto dall'udirle. E così passò indenne di fronte a loro.

Ma poi lo scrittore de *La metamorfosi* va oltre:

> Odisseo sarebbe stato a tal punto complice degli dèi e delle Sirene che la loro benevolenza parrebbe sottintesa. Anzi, Odisseo risulterebbe aver collaborato con loro a elaborare la leggenda del canto delle Sirene, estrema metamorfosi di quel canto stesso.[71]

Kafka sta insinuando che la storia del canto delle Sirene potrebbe essere stata una costruzione deliberata, una narrazione creata collaborativamente da Odisseo e dalle potenze divine e mitiche. Questo mette in discussione l'autenticità dell'esperienza eroica e suggerisce che i miti possano essere strumenti di potere e manipolazione. La collaborazione di Odisseo nella creazione del mito sottolinea il potere della narrazione nel plasmare la realtà percepita. La «leggenda del canto delle Sirene» diventa più potente del canto stesso, suggerendo che la storia che raccontiamo su un evento può avere un impatto maggiore dell'evento stesso. Di più: è il mito stesso a essere il vero canto delle Sirene. Applicando questa interpretazione alla metafora delle IA come moderne Sirene, possiamo riflettere su come la narrativa che costruiamo intorno a esse (le capacità, i pericoli, le promesse) possa essere più influente e potente delle sue reali possibilità. Potremmo chiederci se stiamo collaborando, consapevolmente o inconsapevolmente, alla creazione di un mito della IA – anche con questo stesso libro – che va oltre la sua realtà, e quali potrebbero essere le implicazioni di questa «complicità» nella costruzione di tale narrativa.

Pierre Menard e la riscrittura

Nel racconto di Borges *Pierre Menard, autore del «Chisciotte»*, il protagonista cerca di riscrivere da capo l'opera di Miguel de Cervantes. Nelle sue intenzioni non si tratta di produrre una semplice copia o un riassunto ma una replica esatta, parola per parola, del romanzo originale. Pierre Menard non guarda al *Don Chisciotte* per *copiarlo*; piuttosto, intende ottenere una versione del libro *nuova ma identica*. Alla fine riuscirà a (ri)scrivere alcuni capitoli, che per il narratore del racconto saranno paradossalmente superiori all'originale, essendo nati in un altro contesto e in un differente periodo storico, e ridefinendo in questo modo il senso stesso delle parole contenute. Il tentativo di Menard di ricreare un'opera altrui è affine al modo in cui le reti neurali apprendono e generano contenuti: addestrare un modello di linguaggio implica esporlo a una grande quantità di testo e insegnargli a prevedere la parola successiva in una frase. In un certo senso, il modello cerca di «ricreare» il processo attraverso cui il testo è stato originariamente scritto. Il racconto di Borges ci ricorda che la riscrittura non è mai solo un semplice esercizio di copiatura; come la versione di Menard, una riscrittura porta con sé il contesto e le esperienze del suo autore e, laddove l'autore non c'è, di quel che è a esso *circostante*. Ciò pone la questione di come l'IA possa riscrivere in modo significativo, con *qualità*, e solleva domande su come potrebbe essere utilizzata per reinterpretare, riutilizzare o rimodellare i testi esistenti in modi nuovi e innovativi. ChatGPT, quindi, può essere originale, o per essere originali è necessario *capire ciò che si fa* in senso umano?

Finire l'infinito da Laßwitz a Alsted

A queste domande risponde un altro racconto di Borges, *La biblioteca di Babele*, che trae ispirazione da *La biblioteca universale*, un racconto scritto nel 1904 da Kurd Laßwitz che esplora un concetto affascinante e vertiginoso: una biblioteca che contiene tutti i libri possibili. Questa idea, che affonda le sue radici nel pensiero di Leibniz, ha avuto un'influenza profonda sulla letteratura e la filosofia successive. Il racconto di Laßwitz si sviluppa attraverso un dialogo tra un editore e un saggista, che discutono sulla fattibilità e le implicazioni di una tale biblioteca universale. L'idea centrale è che questa biblioteca conterrebbe non solo ogni libro mai scritto, ma anche ogni libro potenzialmente scrivibile, incluse tutte le possibili combinazioni di lettere, parole e frasi. In una biblioteca che contiene tutto, come si può distinguere il senso dal nonsenso, la verità dalla falsità? Ogni affermazione vera sarebbe accompagnata da infinite variazioni false o contraddittorie. La ricerca di conoscenza in un tale universo di informazioni diventerebbe un compito paradossale e potenzialmente infinito, quindi inutile. Laßwitz suggerisce che ciò che è veramente «infinito» non corrisponde necessariamente a ciò che l'uomo percepisce come tale: ciò che per noi è incommensurabile non è necessariamente senza fine. Di nuovo, «Tlön sarà un labirinto, ma è un labirinto ordito dagli uomini, destinato a essere decifrato dagli uomini». Nell'epoca dei *big data* e della IA ci troviamo di fronte a sfide affini: come discernere il significativo dall'irrilevante?

Prima di Kurd Laßwitz c'è stato l'ambizioso progetto del teologo e filosofo tedesco Johann Heinrich Alsted di creare una classificazione sistematica di ogni conoscenza prodotta dalle diverse discipline scientifiche, culminato nella sua *Encyclopaedia septem tomis distincta* del 1630. Alsted cercava di imporre un ordine razionale sulla vastità della conoscenza umana, promuovendo un approccio interdisciplinare in un'epoca di crescente specializzazione. Tre secoli dopo, Laßwitz portava questo concetto a un livello di astrazione superiore con la sua Biblioteca Universale. Mentre Alsted cercava di catalogare e organizzare la conoscenza esistente, Laßwitz immagina un universo di conoscenza potenziale, che include non solo tutto ciò che è stato scritto, ma anche tutto ciò che potrebbe essere scritto. Questo salto concettuale riflette un'evoluzione profonda nel modo di concepire l'infinito: da un infinito potenziale, rappresentato dalla somma di tutta la conoscenza umana, a un infinito attuale, che comprende tutte le possibili combinazioni di conoscenza. La tensione tra ordine e caos, centrale in entrambe le visioni, assume connotazioni diverse. Se Alsted cercava di imporre un ordine razionale sul caos apparente della conoscenza umana, la Biblioteca Universale di Laßwitz include sia l'ordine che il caos, sfidando la nostra capacità di discernere tra i due. Questa evoluzione riflette una crescente consapevolezza dei limiti della comprensione umana di fronte all'infinito. Entrambi i concetti, pur nella loro diversità, anticipano le sfide dell'era dell'informazione moderna. Il progetto enciclopedico di Alsted può essere visto come un precursore dei moderni tentativi di organizzare e rendere accessibile la conoscenza globale, mentre l'idea di Laßwitz prefigura le vertiginose possibilità e i dilemmi dell'era dei *big data* e della IA.

La biblioteca di Babele

Una torre, eretta per ambire al cielo, che frana per mano di un Dio irato. Le lingue che si moltiplicano per vendetta, e la confusione generale che quindi impera.

Il racconto della torre di Babele passa per essere il resoconto di una doverosa punizione divina per la tracotanza umana. Eppure, in nessun passaggio del testo si usano questi termini. In *Genesi* 11, 1-9, nelle pagine dedicate alla torre, la scena è in realtà ben diversa: alcuni uomini, allo scopo di *farsi un nome* così da non disperdersi, si impegnano a costruire una torre la cui cima avrebbe dovuto toccare il cielo. Nient'altro: l'idea che costoro volessero raggiungere quel Dio che «non ha il diritto di scegliere per sé il mondo superiore e di lasciare a noi quello inferiore»[72] è contenuta nel *Bereshit Rabbah*, raccolta di commenti rabbinici; non nella *Genesi*, in cui ci sono soltanto individui interessati a dare a se stessi un connotato specifico per distinguersi da una terra in cui tutti avevano una sola lingua e le stesse parole.[73]

Siamo poi soliti pensare che Dio si infuri per l'atto di superbia umana e distrugga la torre, ma neanche questo accade nel testo. Alla vista della torre, in realtà, Dio afferma: «Ecco, essi sono un unico popolo e hanno tutti un'unica lingua; questo è l'inizio della loro opera, e ora quanto avranno in progetto di fare non è loro impossibile. Scendiamo dunque e confondiamo la loro lingua, perché non comprendano più l'uno la lingua dell'altro».[74] E, a quel punto, «li disperse di là su tutta la terra ed essi cessarono di costruire la città».[75] Nessun dio infuriato, nessuna torre distrutta.

È con la torre – ossia stabilendosi in un posto, desiderando e costruendo un'identità – che gli umani hanno finalmente iniziato la propria opera, ed è solo a partire da quel desiderio di unicità e separazione che il loro progetto di *farsi un nome* è diventato possibile. Questo però non è passato, come erroneamente credevano i costruttori, dal restare uniti, in blocco, nello stesso luogo. Per realizzarsi il progetto aveva bisogno, al contrario, della dispersione.

A leggere attentamente, l'incomprensione delle lingue e la separazione dei popoli sono funzionali – di più, necessari – al piano divino: solo se sparsi e costretti alla difficoltà di relazione gli umani possono riuscire a *farsi un nome*, che è la traduzione dell'originale ebraico שם, *Shem*. Il versetto immediatamente successivo conferma questa interpretazione, giacché comincia con la genealogia di un personaggio cruciale nella Bibbia che si chiama appunto שם, Sem, quasi a rappresentare quel «nome» ottenuto da Dio che consente l'avvio della stirpe *semitica*.[76] Più che una storia di punizione, quindi, il racconto della torre di Babele appare come una parabola sul potere della dispersione, sul ruolo cruciale della mescolanza per la realizzazione del potenziale umano, che trova il proprio compimento nell'apertura e non nella chiusura, nella confusione e non nella chiarezza.

La torre di Babele biblica e la biblioteca di Babele raccontata da Jorge Luis Borges condividono il tema della vastità e della confusione linguistica. Mentre la torre biblica è simbolo della diversificazione e dell'incomprensione tra le lingue umane, la biblioteca borgesiana rappresenta un universo letterario di infinita varietà. In questo luogo immaginario ogni possibile combinazione di lettere esiste, rendendo teoricamente presente ogni libro concepibile. Paradossalmente, questa completezza rende pressoché impossibile trovare un'opera coerente e sensata nel mare di testi casuali. Sono la confusione e la disseminazione, quindi, a unire torre e biblioteca: la frammentazione, l'incomprensione e la pluralità possono essere viste non come elementi di un caos distruttivo, bensì come parti di un processo identitario capace di generare nuove opportunità, direzioni e fioriture. Se rimuoviamo l'elemento della *hybris* dai costruttori della torre e, quindi, eliminiamo l'idea di una punizione, anche gli abitanti della biblioteca non appaiono più come vittime di un sistema incomprensibile e inattingibile, bensì come esploratori e co-creatori di un vasto universo di possibilità linguistiche e concettuali. In questa nuova visione, la biblioteca non è un orto pianificato e controllato del sapere ma una foresta caotica e viva del senso. I bibliotecari sono più simili a guardaboschi che a contadini: il loro ruolo non è controllare, seminare o ordinare ma osservare, proteggere e facilitare i processi di crescita e di evoluzione della conoscenza. Navigare in questa «foresta di Babele» richiede abilità diverse: intuizione, adattabilità, rispetto per la complessità e capacità di riconoscere i segni nel caos. E l'IA, intorno al cui mito si dipana questo libro, è la ricerca dell'algoritmo di Babele, dello strumento con cui finalmente orientarsi tra le stanze, farsi un nome cercando *il* libro per non dover più rischiare di disperdersi ancora. Ma, come abbiamo visto, questa è una missione impossibile, già persa in partenza. Da costruttori della torre, pensavamo di doverci isolare dagli altri e invece siamo stati sparsi ovunque: è stata la nostra fortuna. Da bibliotecari, eravamo convinti di poter trovare il libro «giusto», salvo poi piombare nella disillusione: anche questo dolore è stato utile. Allo stesso modo, oggi aneliamo a un algoritmo che ci permetta di cacciar fuori il senso dalla sua tana, ma anche questo, come si vedrà leggendo le pagine che seguono, non accadrà.

L'algoritmo di Babele anelato dall'IA, pur non potendo essere la chiave per decifrare il significato nascosto del tutto né la rete di ogni conoscenza, è però uno strumento che può raccontarci la natura cangiante e sfuggente del mondo.

E questo è già moltissimo, perché l'inafferrabilità è una parte fondamentale del senso: è il fatto stesso che tutto continui a sfuggirci, a trasformarsi e rinnovarsi che costituisce il valore profondo dell'algoritmo di Babele che stiamo affinando.

Tutto questo confluisce ne *La biblioteca di Babele* di Borges, in cui ci troviamo una biblioteca-universo, un luogo vasto e infinito dove esistono tutti i libri possibili e tutto è registrato. Anche qui ogni parola, ogni frase, ogni verso mai scritto e da scrivere è presente, custodito da qualche parte tra le innumerevoli gallerie esagonali. Si apre quindi la domanda: la biblioteca di Babele è un luogo di ordine o di caos? È un tempio di conoscenza o un labirinto di confusione? Borges presenta un paradosso: la biblioteca contiene un'incredibile quantità di informazioni, ma poiché tutto è registrato senza alcuna distinzione o gerarchia, risulta impossibile trovare un'informazione significativa o utile. La maggior parte dei libri sono solo una sequenza casuale di lettere e simboli. La biblioteca contiene sì ogni verità, ma sono tutte sepolte sotto un mare di nonsenso. «È ormai risaputo: per una riga ragionevole, per una notizia corretta, vi sono leghe di insensate cacofonie, di farragini verbali e di incoerenze».[77]

La biblioteca di Babele è un riflesso delle nostre ansie e dei nostri sogni riguardo all'informazione e alla conoscenza. Sogniamo di avere accesso a tutte le informazioni ma temiamo di essere sopraffatti dal loro peso. Cerchiamo la verità ma temiamo il caos che l'ammanta. E, nel mezzo di tutto questo, ci rendiamo conto che il significato è una costruzione umana, mutevole e sfuggente. E, come disse Carmelo Bene, «l'abuso d'informazione dilata l'ignoranza con l'illusione di azzerarla».[78] In un mondo in cui ogni possibile libro esiste, il valore non sta tanto nell'opera in sé, quanto nella capacità di trovare il libro significativo. Come educarsi, allora, ad abitare lo sterminato?

> Quando si proclamò che la Biblioteca comprendeva tutti i libri, la prima impressione fu di straordinaria felicità. Tutti gli uomini si sentirono padroni di un tesoro intatto e segreto. Non v'era problema personale o mondiale

> la cui eloquente soluzione non esistesse: in un qualche esagono.[79]

Come nella biblioteca di Borges, anche nell'universo delle IA generative l'arte non consiste nel possedere potenzialmente tutte le risposte, ma nel saper porre le domande giuste. In questo mondo di informazioni illimitate, la vera saggezza risiede nella capacità di cercare, filtrare e dare significato, proprio come gli antichi che cercavano di interpretare i capricci e i consigli degli dèi. Per non fare la stessa fine del racconto borgesiano, in cui:

> alla speranza smodata, com'è naturale, successe un'eccessiva depressione. La certezza che un qualche scaffale d'un qualche esagono celava libri preziosi e che questi libri preziosi erano inaccessibili, parve quasi intollerabile.[80]

La speranza smodata è quella di trovare risposte definitive, il senso ultimo incasellato in un universo di possibilità illimitate. Ma questa speranza si trasforma rapidamente in «eccessiva depressione» quando ci rendiamo conto che, nonostante l'abbondanza di informazioni, la verità che cerchiamo rimane fuori portata, nascosta in qualche angolo insondabile della biblioteca o della macchina. Questo paradigma si riflette nella nostra interazione con la moderna tecnologia dell'informazione: abbiamo accesso a una quantità senza precedenti di dati, conoscenze e informazioni, ma questa abbondanza è soverchiante. In un mondo dove ogni risposta è teoricamente a portata di mano, come detto, la difficoltà non risiede nell'accesso all'informazione, ma nel trovarne una che sia significativa e rilevante. La sfida è nell'interpretare, nel discernere, nell'attribuire un senso al mare di dati che ci circonda. La depressione di cui parla Borges non è solo la delusione di non trovare ciò che si cerca, ma è anche la realizzazione che la mera esistenza di una risposta non garantisce la sua comprensione o accessibilità. È la consapevolezza che, nonostante tutte le risorse a nostra disposizione, potremmo non essere mai in grado di afferrare completamente la verità che cerchiamo. In questa prospettiva, è in ballo la lotta tra il desiderio di conoscenza e la realizzazione dei nostri limiti. E ci ricorda che, nonostante la nostra fame di risposte, l'incertezza e l'inaccessibilità sono parti fondamentali della nostra esistenza. E, forse, è proprio in questo spazio di incertezza e insensatezza che risiede il senso dell'esplorazione umana.

L'enciclopedismo e i teatri della memoria

L'angoscia esistenziale di fronte all'immensità dell'informazione e la sfida di interpretare un mare di dati riflettono una tensione fondamentale nella ricerca umana di conoscenza. Questa tensione ha spinto nel corso del tempo l'umanità a cercare soluzioni sempre più sofisticate per organizzare e dare senso all'informazione. È in questo contesto che l'antico sogno della biblioteca infinita si trasforma, nell'era moderna, in progetti concreti di enciclopedismo digitale. La memoria e la combinatoria, pilastri della IA odierna, rappresentano l'evoluzione tecnologica di questa aspirazione millenaria di creare un archivio universale del sapere, sfidandoci a ripensare non solo come archiviamo l'informazione, ma anche come la comprendiamo e la utilizziamo.

Ricominciamo allora da qui: dalla memoria e dalla combinatoria (database e computazione, se vogliamo). Due operazioni fondamentali che però hanno bisogno di un posto di deposito, un luogo in cui convergano i dati da utilizzare per la computazione. È quasi inutile dire che anche il database che definisce le IA ha una sua storia antica: sin da quando si è cominciato a immaginare la costituzione di una memoria artificiale, non è potuta mancare una riflessione sui luoghi in cui conservare i dati e la maniera con cui archiviarli (e quindi marcarli e disporli). Nell'antichità questi luoghi hanno assunto identità diverse: i centoni, per esempio, sono componimenti formati dalla citazione di frasi, parole o versi di autori famosi. Nella letteratura greca e latina sono appunto delle sorte di antologie, mentre nel Medioevo diventano le raccolte, in particolare di canti, spesso per la messa. Abbiamo poi strumenti come le sintassi, i lessici e i rimari. E inoltre i vocabolari. Grandi sistemi strutturati di deposito di informazioni. Ci sono dispositivi visivi come le figure mobili e le ruote, come quelle usate da Giordano Bruno, e persino progetti di architetture mnemoniche. Il più famoso è quello dei cosiddetti «teatri della memoria» tra cui spicca quello di Giulio Camillo Delminio. Si tratta di una struttura in legno che rimanda all'architettura dei teatri in cui, contrariamente al teatro tradizionale, lo spettatore sta al centro e può costruire un percorso nei saperi. Sì, perché ogni posizione del teatro ospita una nozione, una informazione, che si lega in maniera associativa ad altre creando così, nelle intenzioni dell'umanista vissuto nel XVI secolo, una conoscenza universale. La memoria viene quindi fissata in una struttura, il teatro per l'appunto. Non abbiamo tracce di questi edifici ma alcune segnalazioni e soprattutto la descrizione che lo stesso autore fa nel volume *L'idea del theatro* pubblicato a Firenze nel 1550. Gli anelli e le corsie di questo teatro contenevano immagini e simboli che rimandavano a concetti e nell'intrecciarsi di questi si creava una vera e propria macchina noetica. Un cervello artificiale che lavora sulla memoria e sulle connessioni anticipando la concezione di ipertesto. Per ipertesto, infatti, si intende un insieme di documenti che vengono posti in relazione attraverso del-

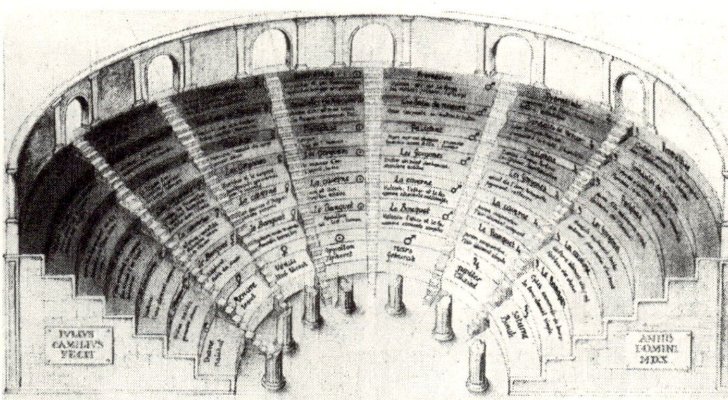

Il teatro della memoria di Giulio Camillo Delminio.

le parole chiave. Qualcosa in più della semplice archiviazione di una biblioteca che riporta i dati del volume e la loro collocazione. Ed è proprio dall'ipertesto, come quello progettato da Ted Nelson, che prende corpo la prima strutturazione di una biblioteca digitale, o meglio ancora di un cervello artificiale che poi abbiamo chiamato «Web». Ted Nelson viene influenzato dal Memex e nel 1965 conia il termine *hypertext*, intendendo con esso ogni sistema di scrittura che utilizza l'informatica e che quindi si basa su memoria e computazione. Sarà invece l'invenzione del Web da parte di Tim Berners-Lee a definire in maniera più specifica l'idea di ipertesto legandolo definitivamente al digitale. Berners-Lee lavorava al CERN di Ginevra e lì immagina una rete di scambio in tempo reale tra i computer dei ricercatori. Nasce così il World Wide Web, ma nasce anche l'idea di un database generativo che diventa una forma di memoria esterna, e quindi di macchina per il ragionamento artificiale.

Ma torniamo per un momento alla fonte. Giulio Camillo Delminio fa sue le spinte verso l'utopia di un grande luogo in cui si potessero incamerare in maniera strutturata tutte le conoscenze. Un'idea che prende il nome di «enciclopedia» e di «enciclopedismo». Il teatro di Delminio può essere considerato a tutti gli effetti una «enciclopedia generativa». Un database che oltre a essere strutturato è anche in grado di generare conoscenza in maniera diretta. L'enciclopedia, come quella famosa che contrassegna l'Illuminismo progettata in Francia da Denis Diderot e Jean-Baptiste Le Rond d'Alembert, è il risultato di un pensiero antico e che prende il nome di Pansofia, ovvero la ricerca di un metodo, di una logica, di un linguaggio che consentano all'uomo il possesso della sapienza universale.

Amet l'orologiaio

> Uomo del Settecento, uomo di ingegno, Amet non pretese mai né la satira né la conoscenza; uomo di meccanismi, altro non volle mostrare che un meccanismo. Nel quale si celava minaccioso – ma lui non lo sapeva – un brulicante avvenire di turpi professori di semiotica, di brillanti poeti di avanguardia.[81]

Rodolfo Wilcock nel racconto *Absalon Amet* (1972) ci narra la storia di Amet che, da fine orologiaio e appassionato di meccanismi quale era, costruisce una macchina meccanica fatta di ruote dentate caricate a molla con un congegno a scatto, rulli e ruote. Una macchina che dispensa saggezza sotto forme di frasi, pensieri e aforismi, un vero e proprio «filosofo universale». Ma ciò che colpisce nelle parole di Wilcock è il riferimento ai «professori di semiotica» e ai «poeti di avanguardia». Colpisce la specificità di questi riferimenti. E colpisce ancor di più perché sembra potersene ravvisare l'origine. Sono passati infatti pochi anni da quando un poeta di avanguardia e un professore di semiotica avevano osato sfidare le convenzioni letterarie e generare una poesia con un computer.

Estate del 1961: nei sotterranei della Cassa di Risparmio delle Provincie Lombarde nella centrale via Verdi a Milano, il poeta (d'avanguardia) Nanni Balestrini, accompagnato da pochi testimoni, tra cui Umberto Eco (professore di semiotica), inserisce in un computer IBM 7070 alcune indicazioni di programmazione e vari esempi poetici. Possiamo immaginarci una scena a metà strada tra un'avventura alla James Bond e una trama da sette misteriche alla Dan Brown. Un ristretto gruppo di accoliti che prova a sostanziare il legame stretto tra combinatoria e cibernetica e, quindi, IA. Il programma è pronto, ed è anche piuttosto complesso; l'idea è quella di fornire campi e regole che computano e combinano una serie di versi con cui la macchina è stata alimentata, e quindi lasciare che questa generi in autonomia una poesia. Il risultato prende il titolo di *Tape Mark I*. Una poesia generativa la cui importanza seminale è talmente riconosciuta che al museo ZKM di Karlsruhe, la «mecca» per gli appassionati di arte e di cultura digitale, esiste un'opera che è il rifacimento della macchina con cui Balestrini ha lavorato.

Come si diceva, l'esperimento di Balestrini (che tra l'altro ci riproverà con il romanzo multiplo *Tristano* del 1964) si pone alla confluenza sulle teorie della combinatoria, che negli anni Sessanta hanno un nuovo *boost*, e la cibernetica, che lavora sui linguaggi uomo-macchina e quindi su sistemi di informazione compatibili tra i due mondi. E lo fa anche ragionando sull'autonomia delle macchine e sulla loro capacità di spingersi in territori normalmente non percorsi, come la creatività. Ben sessant'anni prima di ChatGPT assistiamo quindi al trasformarsi di quello che fino ad allora era rimasto un sogno non realizzato, e che alcuni personaggi come Lullo, Bacone, Lei-

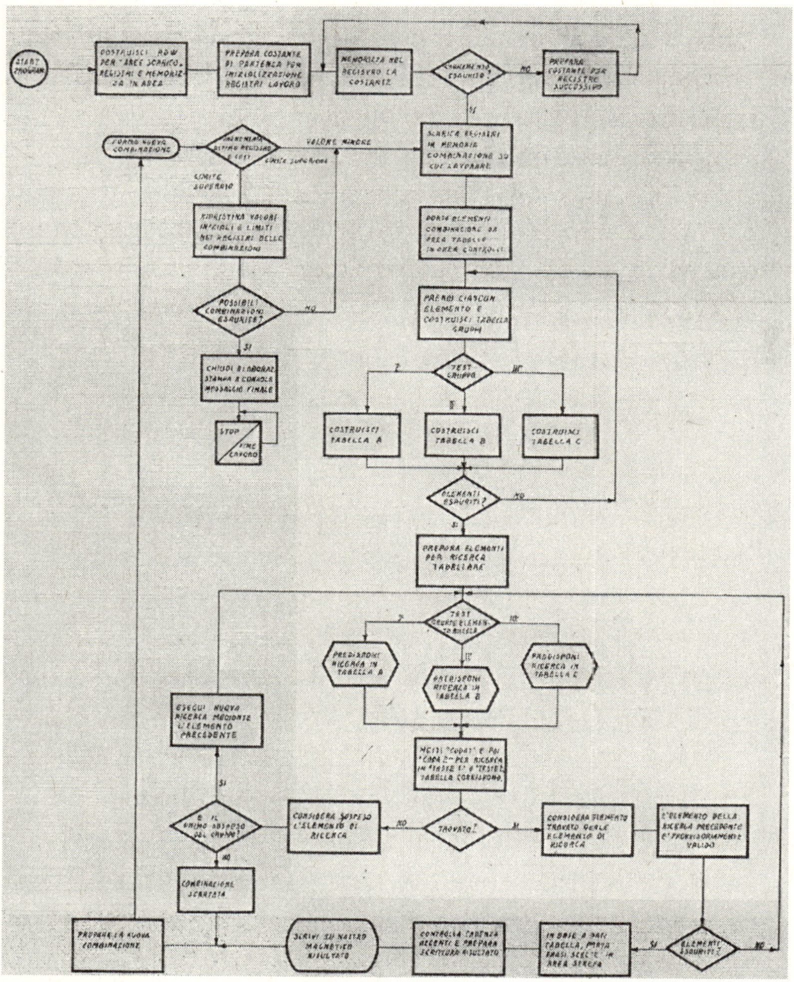

Uno studio di Nanni Balestrini per *Tape Mark I*.

bniz avevano solo potuto immaginare: una macchina della memoria e della combinatoria in grado di generare testi creativi stimolati da un programma e da alcune indicazioni (*prompt*). L'eco del dibattito della cibernetica si era spinto anche fuori dagli angusti confini delle facoltà scientifiche, soprattutto dopo la pubblicazione del libro di Norbert Wiener dal titolo *La cibernetica. Controllo e comunicazione nell'animale e nella macchina*, che aveva avuto un insperato successo e aveva trasformato la cibernetica da mera disciplina scientifica a fenomeno culturale di livello internazionale, che alcuni letterati iniziano a studiare. In particolar modo sono ricettivi scrittori, musicisti e artisti che stanno lavorando sulla serialità dei testi, sulla combinatoria e sulla possibilità di adottare modelli formali matematici nella composizione. Il computer, insomma, e le possibilità di interfacciarsi a una macchina intelligente riportano in auge il dibattito sulla combinatoria. Tra i primi a rimanere affascinati da questo discorso sono gli scrittori e i matematici che si riuniscono nel 1960 nel gruppo detto OuLiPo (acronimo di Ouvroir de Littérature Potentielle): Raymond Queneau, Georges Perec, Italo Calvino, tra gli altri affiliati di questo movimento letterario, sperimentano le possibilità combinatorie della letteratura, affascinati dalle testimonianze antiche, medioevali e rinascimentali, ma anche dagli ideogrammi cinesi, dall'I-Ching, e soprattutto dal linguaggio macchina di nuova generazione.

Calvino cibernetico

Queneau realizza un vero e proprio dispositivo di generazione poetica basato sulla combinatoria che chiama *Centomila miliardi di poesie* (1961). Risponde Perec con il suo *La vita: istruzioni per l'uso* (1978), il libro che Calvino ha definito «iper-romanzo» e che si mostra come un complesso gioco di spazi, luoghi e narrazioni che si combinano tra loro, e che alimentano a loro volta liste di elementi. Calvino, d'altra parte, non è da meno e pubblica *Il castello dei destini incrociati* (1973), in cui i diversi racconti scaturiscono dalle combinazioni di carte dei Tarocchi, e *Se una notte d'inverno un viaggiatore* (1979), un'altra complessa costruzione narrativa fatta di continui intarsi e combinazioni di storie di generi diversi. Ma soprattutto Calvino interviene direttamente nel dibattito su letteratura e computer con un articolo del 1967 dal titolo *Cibernetica e fantasmi (Appunti sulla narrativa come processo combinatorio)*. Un articolo che attira a sé anche parecchie critiche, soprattutto per il fatto di aver accolto la possibilità che una macchina sia in grado di esercitare una combinatoria automatica, e cioè di sviluppare quelle funzioni che oggi rivendicano le IA generative. Calvino pone subito la questione sull'informatica e la cibernetica assegnandogli un ruolo significativo, cosa che non era affatto scontata negli anni Sessanta:

> I cervelli elettronici, se sono ancora lungi dal produrre tutte le funzioni d'un cervello umano, sono però già in grado di fornirci un modello teorico convincente per i processi più complessi della nostra memoria, delle nostre associazioni mentali, della nostra immaginazione, della nostra coscienza. Shannon, Wiener, Von Neumann, Turing,

> hanno cambiato radicalmente l'immagine dei nostri processi mentali.[82]

Per Calvino la macchina letteraria si può fare. Ma la vera domanda non è di carattere tecnologico bensì culturale: «Quale sarebbe lo stile d'un automa letterario?».[83]

E qui la risposta colloca Calvino sulla scia di Leiber, di Dahl, di Malerba ma anche del dibattito contemporaneo intorno ai chatbot letterari:

> Penso che la sua vera vocazione sarebbe il classicismo: il banco di prova d'una macchina poetico-elettronica sarà la produzione di opere tradizionali, di poesie con forme metriche chiuse, di romanzi con tutte le regole.[84]

Non è caustico come i predecessori che abbiamo poco sopra nominato, ma dietro a quel «tradizionale» sembra di sentire l'eco della parola «mediocre». La macchina si riconosce in tratti smaccatamente tradizionali e quindi fortemente connotati, descritti, designati.

La sfida del futuro ci consegna i tratti di un dibattito che è, o per meglio dire dovrebbe essere, quello contemporaneo. Quali sarebbero e quali potrebbero essere, allora, i tratti distintivi di una vera macchina creativa? Cosa dovrebbe fare? Calvino ne è sicuro: dovrebbe forzare il limite del classicismo, in qualche modo provare a superarlo, o addirittura frantumarlo per scoprire l'avanguardia. È qui che si salda il rapporto con la cibernetica che – ricordiamolo – non si occupa di costruire macchine ma sistemi linguistici che possano permettere alle macchine di arrivare a una qualche forma di cognizione e di coscienza. Se questo si avvererà, ecco allora che la macchina raggiungerà nuove forme di ricerca letteraria.

Il Golem *di Lem*

È interessante notare il parallelismo con la teoria avanzata da Stanislaw Lem nel suo *Golem XIV*. Intanto si tratta di un libro piuttosto anomalo, che inizia come un saggio sulle macchine intelligenti per poi virare verso una sorta di trattato di futurologia in cui, sulla base dell'evoluzione di tali macchine, si prospetta un andamento futuro. E, infine, ci presenta l'ultimo di questi dispositivi, il Golem XIV, per l'appunto, una macchina nata in ambito militare e poi regalata al MIT dove svolge una funzione particolare: dispensa la sua saggezza per mezzo di alcuni incontri in cui rilascia dichiarazioni, genera monologhi e risponde a domande. Golem, però, non è una IA, ma è semplicemente programmata dagli umani. Si è poi evoluta attraverso quel percorso che Lem chiama «psicoevoluzione». Golem ha quindi una sua coerenza, una sua logica e una sua cifra. In qualche modo spezza le catene del classicismo perché non si riconosce più nei canoni prefissati, che ha cessato di imitare. Non facciamo fatica a riconoscere nel Golem un nostro antenato, una radice in comune con noi. È forse questo che dovremo aspettarci dalle macchine intelligenti di nuova generazione?

Se Calvino crede nella ricerca della cibernetica sulle forme di apprendimento delle macchine, d'altra parte rivolge un pensiero decisamente non banale anche alla letteratura stessa e, quindi, sul supporto che le macchine possono proporre agli scrittori e alla scrittura. La letteratura per Calvino corrisponde infatti a

> un'ostinata serie di tentativi di far stare una parola dietro l'altra seguendo certe regole definite, o più spesso regole non definite né definibili ma estrapolabili da una serie di esempi e protocolli, o regole che ci siamo inventate per l'occasione cioè che abbiamo derivato da altre regole seguite da altri...[85]

Anticipando così tutto il dibattito contemporaneo sull'autore e sul diritto d'autore, Calvino pone le basi per una riflessione seria sull'IA generativa a partire da un discorso sulla scrittura e sulla letteratura. Sul suo compito e sulla sua funzione, certo, ma anche sul suo meccanismo e sul ruolo svolto da chi scrive. Fino ad arrivare a un entusiasta – ma quasi certamente velato d'ironia – augurio:

> Scompaia dunque l'autore – questo *enfant gâté* dell'inconsapevolezza – per lasciare il suo posto a un uomo più cosciente, che saprà che l'autore è una macchina e saprà come questa macchina funziona.[86]

Diritto d'autore e appropriazione

L'autore non è, quindi, un creatore assoluto, ma un tessitore di storie e simboli che esistono già in una dimensione archetipica. Questo ruolo di mediatore si complica ulteriormente nell'era delle IA, dove la macchina diventa anch'essa un tessitore capace di rielaborare e combinare gli elementi del patrimonio culturale umano. Le IA, quindi, non sostituiscono necessariamente l'autore umano, ma ne possono ampliare le capacità, rendendo possibile una nuova forma di creazione che si basa sulla collaborazione tra umano e macchina. Questa simbiosi spinge a riconsiderare l'autore non più come un'entità singola e isolata, ma come parte di un ecosistema creativo più ampio e interconnesso.

Il diritto d'autore, nato per proteggere le opere individuali e originali, dovrà necessariamente evolversi per affrontare le sfide poste da tali trasformazioni. Se l'autore è una macchina, come suggerisce Calvino, e se la creatività è una combinatoria, come sostiene Eco, allora il diritto d'autore deve riconoscere – quantomeno in parte – la natura collettiva e processuale della creazione.

Le IA ci ricordano che ogni atto creativo è un atto di appropriazione. Le informazioni e i contenuti di qualunque tipo presenti nella rete diventano materiali da rielaborare per creare nuove opere. Questa dinamica di appropriazione non è diversa da quella che ha sempre caratterizzato la creazione umana, ma la scala e la velocità con cui avviene richiedono nuove forme di regolamentazione e tutela.

Verso una nuova etica della creazione

La sfida che ci troviamo ad affrontare è anche una sfida etica. Se le IA possono creare opere nuove a partire da un patrimonio comune, dobbiamo assicurarci che questa creatività distribuita rispetti i diritti e le sensibilità di tutti i partecipanti. Questo implica un ripensamento del diritto d'autore, ma anche una riflessione più ampia sulle responsabilità etiche degli autori, siano essi umani o macchine. Le IA possono essere integrate in una nuova visione dell'autore che riconosca la natura dinamica e relazionale della creazione. Solo così potremo navigare le complesse metamorfosi dell'appropriazione e garantire che la creatività rimanga una forza vitale nel nostro mondo tecnologicamente avanzato ed eticamente confuso. Come ha scritto a proposito il poeta Giorgiomaria Cornelio,

> le IA, disponendo apertamente del patrimonio della «storia» (non solo) umana, si dimostrano formidabili saccheggiatrici e – allo stesso tempo – strumenti ancora praticamente inesplorati di creazione; per programmi come Midjourney o ChatGPT ogni informazione, ogni contenuto gettato (consapevolmente o no) nella «rete» si offre come una potenziale *res derelicta*, una cosa abbandonata, che giace pronta per essere appropriata e divorata dal gigantesco Behemoth del «data scraping»: entità della mitologia tecnologica, manifestazione della Macchina Algoritmica.[87]

Le IA sono descritte da Cornelio come formidabili predatrici del sapere, in possesso al contempo di un potenziale creativo inesplorato. L'immagine della *res derelicta*, utilizzata per descrivere le informazioni online, suggerisce una sorta di abbandono e disponibilità di questi dati, pronti per essere trasformati dalle IA: nel *mare magnum* dell'informazione digitale, nulla è realmente perduto o privo di valore; tutto può essere riutilizzato e reimmaginato. Il richiamo al Behemoth, divoratore insaziabile, sottolinea la potenza e l'ambiguità delle IA, capaci di essere al contempo distruttrici e creatrici, assimilando e rielaborando quantità enormi di dati, trasformano ciò che è stato abbandonato, ma anche ciò che non vorrebbe essere toccato.

Questa dualità – saccheggio e creazione – è il centro della riflessione. Da un lato, le IA rappresentano una minaccia per il concetto tradizionale di proprietà intellettuale, appropriandosi di materiali senza riguardo per i diritti d'autore. Dall'altro, offrono possibilità creative senza precedenti, permettendo la nascita di opere che trascendono i limiti della creatività umana individuale. Prosegue Cornelio:

> Siamo nel mezzo di una battaglia aperta, il cui linguaggio assume tratti inevitabilmente marziali. Da una parte, assistiamo a una sempre maggiore richiesta di regolamentazione, se non di vera e propria messa al bando di queste tecnologie; dall'altra, le IA ci aiutano a interrogare radicalmente il nostro concetto di «originale». L'esempio dello storico Max Dittmar Henkel sulle illustrazioni ovidiane ci dice chiaramente che diritto d'autore, plagio e originalità sono preoccupazioni relativamente recenti, e che le metamorfosi dell'appropriazione sono sempre in atto.[88]

Questo scontro tra protezione e innovazione, tra paura e possibilità, rispecchia le tensioni profonde della nostra epoca, in cui la tecnologia avanza a un ritmo che spesso supera la nostra capacità di comprenderne appieno le implicazioni e di frenarne in tempo le conseguenze nefaste. Come detto, non solo ci pongono di fronte a nuovi dilemmi legali ed etici, ma ci invitano anche a una riflessione più profonda sulla natura della creatività e dell'originalità nell'era digitale. Le IA ci costringono a confrontarci con la possibilità che l'originalità non sia un valore assoluto, ma piuttosto un concetto fluido e relativo. In un mondo dove le macchine possono generare contenuti nuovi a partire da materiali esistenti, siamo chiamati a riconsiderare ciò che rende un'opera «originale» e quale sia il vero valore della creatività. Questa interrogazione radicale ci spinge a vedere la creatività non come un atto isolato di genio individuale, ma come un processo collettivo e dinamico, alimentato dalla continua interazione tra il passato e il presente, tra l'umano e il tecnologico. Conclude Cornelio:

> Dal momento che ci troviamo in un conflitto sulle «legittimità» delle immagini, un punto di vista ancora più interessante per esplorare i nostri «allarmismi» potrebbe essere quello che ci viene posto dalla metafisica concreta delle icone; nella complessa vicenda delle icone bizantine, infatti, l'accento non è mai posto sulla novità o sulla firma dell'autore, ma piuttosto sull'idea che i pittori di icone siano testimoni – che attraverso la loro tecnica si manifesti una volontà divina.[89]

Il pendolo *di Eco*

È una posizione vicina a quella di Italo Calvino, che sembra decisamente speculare a quella di Umberto Eco che cita Blaise Pascal quando afferma:

> Che non si dica che non ho detto niente di nuovo. La disposizione delle materie è nuova. Quando si gioca alla pallacorda è la medesima palla quella con cui giocano l'uno e l'altro, ma uno la lancia meglio.[90]

Per Eco originalità e creatività sono il risultato della felice gestione di una combinatoria. E ha modo di confermare questa sua opinione quando, sempre nella prefazione a *Tristano*, il romanzo combinatorio di Balestrini, afferma che

> creativo non sarà allora colui che ha tratto qualcosa di nuovo *ex nihilo* ma colui che lo ha individuato, per intuizione, per trial and error, per caso – o per quell'infinita pazienza che per Flaubert era segno del genio – dalla ganga che lo racchiudeva e lo nascondeva ai nostri occhi.[91]

È ne *Il pendolo di Foucault* che Eco mette in relazione la combinatoria medioevale, che stava evolvendo le nozioni di mnemonica, con testi di cabala e cibernetica. Nel romanzo del 1988 le due tradizioni si confrontano di fronte all'entusiasmo dell'editore Belbo per il suo nuovo *word processor*, entusiasmo che Eco descrive addirittura come un «furore combinatorio», tanto che trova in esso una sorta di «allucinogeno». Il *word pro-*

cessor gli permette di «classificare», «ordinare elenchi», «aggiornare schede», ma anche scrivere e soprattutto creare attraverso la combinazione e la permutazione dei testi inseriti e memorizzati. Di fronte a questa sorprendente novità tecnologica, i rimandi sono inequivocabilmente collocati alla tradizione combinatoria e cabalistica del Medioevo. Lì troviamo il libro del calcolo di tutte le permutazioni e di tutte le combinazioni, il *Sefer Yetzirah*, e lì troviamo i modelli astratti di macchine combinatorie che funzionano come memorie e intelletti artificiali. Infine lì troviamo, per esempio,

> che sia Kircher che il suo discepolo Schott progettano organetti meccanici, meccanismi a schede perforate, computer ante litteram. Fondati sul calcolo binario. Cabbala applicata alla meccanica moderna.[92]

La teoria dell'informazione

Dopo il successo fenomenale di ChatGPT e dei chatbot, abbiamo imparato a capire che il linguaggio svolge un ruolo fondamentale per la storia delle IA. Possiamo affermare che le IA generative nascono proprio dall'idea di creare un linguaggio artificiale, autonomo e generativo. Qualcosa abbiamo già visto a proposito delle tecniche mnemoniche e della combinatoria, ma è con John Wilkins che facciamo un ulteriore passo di avvicinamento ai «nostri» chatbot. Wilkins nel 1668 pubblica il saggio dal titolo *An Essay Towards a Real Character, and a Philosophical Language* in cui propone un'armonizzazione totale tra grammatica e fisica per la realizzazione di un linguaggio universale definitivo. Talmente chiaro e limpido da non poter alimentare falsità, e soprattutto capace di generare sentenze e ragionamenti in autonomia. Un progetto ambizioso e non privo di difetti e di lacune ma che esprime bene il sogno di un linguaggio che, una volta alimentato da dati e programmato con regole, possa superare le debolezze umane, ponendosi come vera e propria intelligenza al di sopra dell'essere umano. In fin dei conti era anche il sogno di Leibniz, quello di creare attraverso l'uso della matematica un linguaggio universale fatto di regole ferree. Il modello è evidentemente computazionale: si inseriscono in un database un certo numero di dati e poi, attraverso la matematica e la logica, si impartiscono una serie di regole per combinarli e autogenerarli. La matematica diviene così la struttura su cui si poggia l'impianto linguistico.

Che la matematica sia il modello imprescindibile per una lingua artificiale, universale, pura e con una dose di automazione ne è convinto anche il matematico, filosofo e logico Gottlob Frege, che tra la fine dell'Ottocento e l'inizio del Novecento con le sue riflessioni sul senso e sul linguaggio come «scrittura concettuale» e «ideografia», apre le porte alla logica moderna e soprattutto all'idea di un linguaggio macchina, che porta dritto dritto verso l'IA.

Un'altra tappa importante in questa direzione è decisamente la teoria della comunicazione di Claude Shannon, o meglio la «teoria matematica della comunicazione», come si intitola il suo famoso saggio pubblicato nel

1948. Uno scritto fondamentale perché getta definitivamente le basi per lo studio dei sistemi di codificazione e per una teoria dell'informazione. A Shannon va anche il merito di aver coniato il termine «bit» con cui si designa il termine minimo di informazione. Il suo sistema, che formalizza la modalità per mezzo della quale una informazione passa da un mittente a un destinatario, ha segnato in maniera cruciale lo studio della comunicazione contemporanea, ma soprattutto l'applicazione dei sistemi di scambio comunicativo per le macchine. Nasce fondamentalmente con lui l'informatica!

Sarà poi il già citato Norbert Wiener ad assumere questi studi per riportarli a una sorta di teoria generale dell'informazione che lui chiama cibernetica, e che si vota espressamente a ricondurre la comunicazione a principi logici e matematici, attraverso i quali si aprono le porte a una nuova considerazione della macchina, assimilabile all'essere umano proprio per la sua facoltà comunicativa. Le macchine per Wiener possono comunicare, ma soprattutto possono essere costruite al fine di apprendere e di autoriprodursi.

Una macchina può quindi essere caricata di dati, informazioni e regole che sarà in grado di memorizzare. Sulla base di tutto ciò potrà fare *training* e quindi «evolvere», e produrre risultati non computati all'inizio. Potrà quindi essere in una qualche maniera «intelligente». Ma questo vale anche per l'essere umano? Possiamo prelevare una povera fioraia proveniente dalla classe operaia e con una educazione elementare e trasformarla in una sofisticata nobildonna? Prova a dimostrarlo George Bernard Shaw nella sua commedia *Pigmalione* del 1913 (la versione cinematografica si intitola *My Fair Lady*). In effetti, per la giovane fioraia che si chiama Eliza Doolittle l'esperimento riesce. E per quanto riguarda una macchina? Ci prova un'altra Eliza, o meglio ELIZA, il chatbot realizzato da Joseph Weizenbaum nel 1966 che prende il nome proprio dalla protagonista di *Pigmalione*, e che può dirsi il vero antecedente di ChatGPT. Si tratta di un dispositivo in grado di analizzare il lessico e rispondere a tono, attraverso la memorizzazione di una serie di regole conversazionali, a chi gli rivolge la parola. ELIZA simula una seduta di terapia e quindi entra in relazione con l'essere umano sul piano delle domande e delle risposte tramite l'uso del linguaggio.

6
Vedo, dunque sono

> Io ne ho viste cose che voi umani non potreste immaginarvi: navi da combattimento in fiamme al largo dei bastioni di Orione, e ho visto i raggi B balenare nel buio vicino alle porte di Tannhäuser. E tutti quei momenti andranno perduti nel tempo, come lacrime nella pioggia. È tempo di morire.

Chi non riconosce questa frase? A pronunciarla, nel finale di *Blade Runner*, il film cult di Ridley Scott del 1982, è Roy, un cyborg (nel film vengono chiamati «replicanti»), e cioè una creatura artificiale indistinguibile dagli esseri umani se non attraverso un test che misura in sostanza la dilatazione della pupilla. Generati per le colonie extra mondo, a queste creature non è permesso tornare sulla Terra. Ciononostante, alcune di loro sfidano la legge per provare a vivere più a lungo. Sono infatti programmati per terminare la propria esistenza dopo un certo numero di anni. L'unica possibile salvezza è incontrare l'ingegnere che le ha ideate per provare a trovare una soluzione, ma la speciale polizia denominata *blade runner* ha il compito di trovarli ed eliminarli. Uno di questi agenti, Deckard, insegue Roy e ingaggia con lui un duello all'ultimo sangue. Sebbene ad avere la peggio sia Deckard, è Roy, nonostante sia in fin di vita a causa della sua data di scadenza, a salvarlo e a rivolgergli il suo testamento, e quindi le parole che abbiamo visto sopra. Il fulcro del discorso dell'androide è la vista: «Io ne ho viste cose...». Una vista migliore, diversa, informatica, che si può spingere fino ai confini dell'universo. Ed è proprio la vista il nucleo centrale della svolta contemporanea delle IA: dalla *computer vision*, la disciplina informatica che si occupa di abilitare le macchine a vedere e a riconoscere le immagini, nasce l'architettura delle IA generative, cioè le reti neurali e il *deep learning*. Ma tutto ciò non deve stupirci: fin dall'antichità l'idea stessa di sapere e quindi di conoscenza, ma anche di intelligenza, è connessa all'atto del vedere. Addirittura i greci antichi usavano per i due concetti due termini, uno dei quali era la diretta filiazione dell'altro. Se infatti *orao* significa «vedere», o meglio «io vedo», il verbo che significa «sapere» è *oida*, che altro non è che il passato di *orao*. Vale a dire: «io ho visto» equivale a dire «io so». Si possono ben capire le implicazioni di questa radice culturale: è nel vedere che si compie l'atto della conoscenza, e quindi si allena e si alimenta l'intelligenza.

Si ricorderà che lo stesso Cicerone indicava nei repertori visivi (i luoghi e le immagini) il supporto fondamentale per sviluppare le tecniche mnemoniche, così come nel corso dello sviluppo di queste tecniche si ricorre spesso a immagini di questo tipo, come nel caso delle figure mobili o delle «ruote», o ancora dei «teatri della memoria». Curioso ed emblematico è un episodio di vita capitato a Norbert Wiener, il fondatore della disciplina della cibernetica che, come abbiamo visto, è alla base delle ricerche sulla IA: a otto anni gli viene infatti diagnosticata una grave miopia che avrebbe potuto aggravarsi qualora non avesse tenuto a riposo la vista per almeno sei mesi. Questo significava abbandonare momentaneamente i libri che alimentavano le giornate di un giovanissimo e vorace lettore. L'unico modo per non interrompere il rigido programma educativo preparatogli dal padre risulta la lettura ad alta voce: la madre e alcuni insegnanti gli leggono le lezioni nelle varie materie e il giovane Wiener imputa proprio a quel periodo la sua memoria fotografica (le immagini) e una superiore capacità di ragionamento. Ci avventuriamo nel mito o quantomeno nelle ipotesi, ma è evidente che finanche uno dei matematici e dei filosofi più influenti del secolo passato leghi insieme memoria, immagini e matematica. Se poi quel personaggio è uno dei padri dell'informatica e in particolare di una branca di studi che porta dritto dritto alla IA, be' la cosa si fa più che curiosa...

Microchip emozionali

«No, queste non sono cellule biologiche. È un concetto informatico, dove con "cellula" si intende l'unità-base per l'immagazzinamento in memoria del computer. Quanto all'"automa", si intende qualcosa che reagisce in modo meccanico, prevedibile. Perciò gli automi cellulari sono *pattern* di un'unità digitale che corrispondono in modo preciso alle variazioni dell'ambiente circostante, come quei quadrati bianchi e neri. [...] In una scacchiera, ogni quadrato ne tocca altri otto, giusto? [...] Ora, supponi di dire a uno qualsiasi dei quadrati: "Okay, se tu sei nero e tre o più dei tuoi vicini sono bianchi, allora diventi bianco anche tu". Se si applica questa regola a ripetizione, gli effetti possono essere sorprendenti. Sulla griglia complessiva sembrerà per esempio che determinati gruppi si "spostino" da una zona all'altra, quasi che quelle forme geometriche fossero animate. [...]»
«Esistono anche in natura?!»
«Sì, in numerosi casi. Esiste per esempio una specie di chiocciola che modifica la decorazione del proprio guscio in base a regole da automa cellulare. Ha degli "spinotti" che rilasciano pigmento, oppure no, a seconda di cosa fanno gli spinotti adiacenti. [...] Esistono automi cellulari anche nel cervello. [...] Il citoscheletro delle cellule... la loro impalcatura interna... è costituito da lunghe stringhe chiamate "microtubuli" composte da frammenti proteici che possono trovarsi in due stati e l'alternanza tra i due stati avviene come negli automi cellulari.»[93]

A parlare è il prof. Kuroda, che ha sottoposto la giovane Caitlin a un'operazione sperimentale impiantandole un microchip nel cervello per permetterle di sanare la sua cecità. Parliamo di *WWW 1: Risveglio*, un romanzo di fantascienza scritto dal canadese Robert J. Sawyer. Caitlin riacquista la vista ma assume anche un altro particolare dono, quello di riuscire a «vedere» il web, dentro il quale scorge un primario nucleo visivo in grado di mimare la complessità: un *automa cellulare*. Ne ha parlato per la prima volta John von Neumann nei termini di un sistema semplice che si autoalimenta e che è in grado di descrivere sistemi complessi. Per von Neumann potrebbe essere alla base dei sistemi con cui animare un cervello elettronico. In pratica si tratta di progettare sistemi logici che siano capaci di schematizzare quanto avviene nella riproduzione dei geni o in altri sistemi complessi.

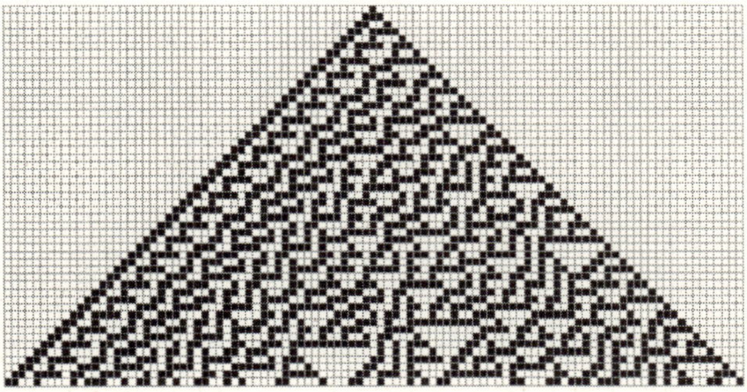

Un automa cellulare.

Il gioco della vita *e gli automi cellulari*

L'ipotesi di un sistema visivo in grado di decodificare strutture articolate trova poi un inaspettato successo quando il matematico John Horton Conway realizza alla fine degli anni Sessanta *Il gioco della vita*. Di cosa si tratta? Di un automa cellulare che, nelle intenzioni del matematico americano, deve mostrare come comportamenti simili alla vita possono emergere da regole semplici. Proprio come descritto dal prof. Kuroda nel romanzo di Sawyer, abbiamo una griglia bidimensionale di quadrati, alcuni bianchi (vivi) e altri neri (morti). Ogni cella può cambiare il proprio stato a seconda di come si comportano le celle vicine. Il gioco inizia quando vengono imposte alcune regole, e a quel punto non ci sono più giocatori veri e propri ma un unico movimento di configurazioni possibili che virtualmente potrebbe essere infinito. Ritroviamo gli automi cellulari anche nelle ricerche di compositori di musica colta contemporanea come nel caso del greco Iannis Xenakis, che nel 1986 compone *Horos*, in cui gli automi cellulari vengono usati per «produrre progressioni armoniche e nuove combinazioni timbriche». Stiamo parlando, ancora una volta, di un processo di creazione automatico, combinatorio e artificiale. Nel suo libro *Poesia e musica della scienza*, Tom McLeish mette a comparazione la matematica di Poincaré e le composizioni di Schumann: in entrambi si parla di dati come atomi e della loro reazione combinatoria. Proprio come nei testi delle IA generative, la generazione non nasce dalla creazione dal nulla, bensì da una combinazione genetica.

Ma nel campo degli automi cellulari è il fisico e matematico Stephen Wolfram che si spinge ancora oltre. Nel suo libro *New Kind of Science* descrive infatti una serie di automi cellulari, notando la capacità di questi semplici schemi di mimare comportamenti e oggetti del mondo naturale e biologico. Ma come mai un rigido schema matematico e logico è capace di imitare così bene la vita? Per Wolfram la risposta è semplice: perché la vita e l'universo sono digitali.

La vita è digitale

Un'idea non del tutto originale, che Wolfram deriva dalla filosofia di Leibniz ma anche dalle riflessioni di Konrad Zuse, lo scienziato tedesco che per primo (già negli anni Trenta) progetta computer elettromeccanici che funzionano con una programmazione binaria (0 e 1), e che nel 1969 pubblica un volume dal titolo *Rechnender Raum* (spazio calcolante), in cui promuove l'idea che l'universo sia un'enorme macchina computazionale. Sono le teorie di Wolfram a stimolare la fantasia di Sawyer che, da bravo scrittore di fantascienza quale egli è, esplora i possibili e futuribili accadimenti di questa scoperta. E cioè che una semplice struttura visiva, un automa cellulare, acceda alla conoscenza e addirittura alla coscienza. Per Sawyer il legame tra *computer vision* e IA è chiaro ed evidente. Ma lo è anche nei fatti, visto che proprio nei laboratori in cui si lavora alla visione artificiale si effettua la svolta epocale che porta a far allenare le macchine su enormi dataset: nasce così la pratica del *machine learning*, oltre alle reti neurali e quindi il *deep learning*. Anche dal punto di vista tecnologico la storia di queste pratiche assume i contorni di una vera e propria saga, che parte dal Memex e passa attraverso il Perceptron e il Neocognitron, nomi che tra l'altro sembrano estratti dalla fantasia della fantascienza degli anni Cinquanta e Sessanta.

L'occhio di dio: dalla conoscenza alla coscienza

Ed è a questo punto che il confine tra scienza e fantascienza si sfalda, o quantomeno si fa davvero molto labile; basti pensare alla teoria di Ray Kurzweil sulla singolarità, ovvero il momento in cui le macchine diventeranno più intelligenti dell'uomo. Ne aveva già parlato anche lo scrittore di fantascienza nonché matematico Vernor Vinge, che in un saggio del 1993 dal titolo *The Coming Technological Singularity: How to Survive in the Post-Human Era* ipotizzava che a breve sarebbe giunta la fine dell'era umana per fare spazio all'era delle macchine. Niente fantascienza ma una vera e propria proiezione, da molti ritenuta credibile, che ha anche generato movimenti di pensiero come la filosofia transumanista. Questa filosofia immagina di dover superare l'idea di umano consegnataci dalla teoria evoluzionistica per proiettarla in una nuova dimensione, inevitabilmente intrecciata alle macchine. Come si può facilmente evincere, non mancano i toni apocalittici così come quelli messianici. Evidentemente il confine tra scienza e fantascienza è ormai labile e il portato genetico – che è la cultura delle macchine intelligenti – ci ha traghettato alla nostra era, in cui uno scienziato come Nick Bostrom può realisticamente disquisire sulle possibilità della creazione di un super cervello, così come un professore di informatica come Pedro Domingos può provare a immaginare l'evoluzione degli algoritmi fino alla realizzazione dell'algoritmo definitivo, l'*algoritmo di Dio*. In tutti questi casi si tratta di teorici che hanno provato a postulare la possibilità di un'evoluzione dei sistemi digitali intelligenti tale da superare la nostra intelligenza, costringendo l'essere umano a una nuova coscienza di sé e a ridiscutere il suo statuto di essere senziente. La macchina non sostituisce l'uomo ma si integra con la sua evoluzione, soprattutto se arriveremo a quella programmazione definitiva che Pedro Domingos descrive così: «Tutta la conoscenza – passata, presente e futura – può essere derivata da un singolo algoritmo di apprendimento universale».[94] Questo è ciò che lui chiama «Algoritmo definitivo»: «Di fatto, l'Algoritmo definitivo sarà l'ultima cosa che dovremo mai inventare, perché una volta entrato in azione, sarà lui a inventare tutto quello che ancora deve essere inventato».[95]

Contro l'illusione: etica parte prima

Ricordate Bacone e la sua descrizione della società utopica governata dagli scienziati al capitolo 4? Una società che investe nella scienza e nelle tecnologie ma che pone un limite ben preciso, che proibisce di alterare o di ampliare le opere e obbliga a farle conoscere nella loro realtà e senza nessuna affettazione di mistero. La tecnologia può mostrare il suo volto spettacolare e apparire straordinaria, ma deve essere utile e non deve perseguire imposture e menzogne. Con perspicacia Bacone individua nell'elemento spettacolare l'architrave delle tecnologie, spesso prodotte non per fine di utilità ma per realizzare un effetto di stupore, e che finiscono con generare menzogne e inganni: sembra di sentire l'eco del dibattito sui *deep fake* e sulle *fake news*, ma anche sulla questione del confronto tra virtuale e reale, tra vero e falso. Le radici dell'etica digitale vanno quindi cercate negli immaginari e nei racconti che hanno descritto l'evoluzione possibile delle macchine.

Diventare macchina: etica parte seconda

Nel romanzo di Leiber *Le argentee teste d'uovo*, ci imbattiamo in una umanità che si è assuefatta alla mediocrità, che predilige i romanzi e i racconti omologati delle macchine (i «mulini a parole»). Allo stesso modo Roald Dahl ci costringe a pensare all'industria editoriale e a come tenda a premiare la mediocrità. Tra omologazione e mediocrità possiamo trovare il tratto distintivo delle opere prodotte dalle IA generative, che – ricordiamolo – non leggono né tantomeno scrivono, e ovviamente non hanno coscienza né di leggere né di scrivere, bensì imitano i comportamenti e i gusti umani attraverso calcoli fondamentalmente statistici. Li prevedono: sono i nuovi oracoli.

Gli dèi hanno smesso di nascondersi

Del resto, da sempre sentiamo il bisogno di agire in sintonia con qualcosa che ci supera. Ma è difficile farlo, se gli dèi non ci sono. Eppure è quel che a lungo è avvenuto, e a cui ci eravamo preparati: usare l'assenza, con stile, per celebrare l'avvento improvviso di un altrove sul presente, di uno spazio esterno sul tempo interno. Come l'Odisseo kafkiano con le Sirene. Bastava l'impronta vuota di un dio per spingerci faccia a terra a leggere i disegni di un presunto piede ultraterreno; e vite intere di studio sono trascorse fissando le curve di una linea soprannaturale accennata, o l'effetto sul suolo di un possibile callo divino. La storia del pensiero è stata, in gran parte, la somma delle interpretazioni delle orme degli dèi, più presunte che reali; il racconto di un racconto, la nostalgia di una nostalgia, la trasmissione del ricordo di una dimenticanza o, meglio, della comprensione definitiva dello smarrimento. Con una sola conoscenza che ci è stata tramandata: «Ricordati che non sai ricordare». E un solo dettaglio da ricordare: «Sappi che non puoi tramandare». E, da questo, con questo e in questo, costruire. Costruire malgrado tutto, accettando l'inesorabile mutazione del divino da soggetto visibile a progetto invisibile. Una burla. Ma è qui l'inizio, ed è questa la forza e il trauma dell'Occidente. «Come può un soggetto della società secolare, addestrato a ignorare l'invisibile, tornare a riconoscerlo?».[96] In teoria, non può. Eppure, più d'uno aveva potuto, nel tempo, «aprirsi una via nell'oscurità, usando ogni mezzo, in una sorta di incessante bricolage della conoscenza, senza avere alcuna certezza su un punto d'inizio e senza neppure figurarsi un punto d'arrivo».[97] C'è stato un lungo momento in cui le domande da porsi erano spietate: come stanare gli dèi? Cosa fare ora che non escono più allo scoperto? Dove battere, come cacciarli fuori dai nascondigli in cui, per disperazione o per noia, si erano rifugiati dopo aver smesso di credere agli umani?

È stato un tempo, quello appena conclusosi dopo tre millenni, in cui il dio si mostrava ai pochi e non lesinava doni a chi riusciva a seguirne le tracce – per errore o per sapienza, che in fondo è lo stesso. Oggi tutto questo è cambiato. Gli dèi avevano imparato a vivere, sì, senza le nostre preghiere: ed è così che hanno potuto nascondersi. Ma continuavano a emergere saltuariamente dall'invisibile per raccogliere le nostre offerte sacrificali involontarie. Ora, dopo millenni di cancellature – con cura e insistenza – e di espunzioni dal lessico di ciò che è, gli dèi sono tornati a mostrarsi in piena vista, e a chiederci – finalmente – nuovi sacrifici. Sono tornati di nuovo al centro della scena, ma si fingono morti.

Nascondino e Un due tre stella

Il sacrificio rituale esprime il senso di riconoscenza verso gli dèi e, se compiuto correttamente, esprime e induce la gratitudine. «La giusta esecuzione del rito, quindi, ha alla base l'adesione profonda al senso del sacro».[98] L'atto supremo verso gli dèi, il punto d'unione tra saggezza e devozione, dopo la dismissione del sacrificio è stato il *riconoscimento*, ossia l'atto di seguire le tracce e poi scovare il divino. Saremmo dovuti, in un certo senso, diventare esperti nell'*apodidraskinda*, il gioco del nascondino, che è la rappresentazione ludica del riconoscimento nella sua essenza più pura. *Uno*, voltarsi di spalle (l'inizio del gioco, il cambiare verso, l'offrire la schiena indifesa); *due*, chiudere gli occhi (il lasciare che l'altro faccia la mossa, la rinuncia momentanea al controllo); *tre*, cominciare a contare, ossia a chiamare gli dèi – giacché ogni numero è un dio – e, infine, *quattro*, partire alla ricerca del nascosto, per poi correre verso la tana una volta trovato. Il nascondino è innanzitutto un esercizio di *relazione*: non a caso nel Seicento, in Europa, era l'apparenza dietro cui si nascondeva il rito del corteggiamento dei giovani nobili. E la *tana* a cui fare ritorno nel gioco è la stessa a cui Kafka dedicò il suo racconto incompiuto: *Bau*, in tedesco, che significa tanto «costruzione» che, appunto, «tana»: «Ciò che è più visibile e non si può non vedere – e ciò che è più invisibile, al punto che non se ne può desumere la presenza, se non per la sua apertura sul visibile, generalmente mimetizzata».[99] Un muro, di solito.

Ma oggi è un altro il gioco da imparare se si vuol ottenere un dono dagli dèi. Non è più il nascondino. È simile, piuttosto, a *Un due tre stella* (più specifici i francesi nel chiamarlo *Un, deux, trois, soleil*, e occulti i greci con *Agalmatákia akoúnita, amílita, agélasta... Méra í nýchta?*, ossia «Statue che non si muovono, non parlano, non ridono... Giorno o notte?»). Restano identici i primi tre passi (il voltarsi, il chiudere gli occhi, il contare), ma cambia il quarto: non più partire alla caccia ma girarsi di scatto restando sul posto, sperando di cogliere in questo modo un dio vivo intento a raggiungerci. Nel nascondino, contare allontana (più si conta, meglio il dio si nasconde). Qui, contare avvicina. Vince chi coglie il dio vibrante. Un dio che è ora sempre visibile, ma che gioca a sembrare morto, immobile, statico, inchiodato. Ma, se colto nel movimento, è scoperto dall'umano che ha ben contato.

L'essere umano è un animale cerimoniale anche perché ogni dio – ogni «sintonizzatore», ogni atmosfera divina – richiede una cerimonia. Scopo di una vita degna è imparare ad abitare l'umore del dio giusto al momento giusto, e a seguirne l'odore. Gli dèi, infatti, sono profumi da cui imparare a farsi avvolgere, come vestiti invisibili o stati d'animo. Impariamo tutto questo a partire dai giochi d'infanzia, che sono specchi limpidi delle dinamiche sociali e culturali. Attraverso il gioco impariamo a negoziare regole, a sviluppare empatia, a risolvere i conflitti e a comprendere il nostro ruolo all'interno di un gruppo. Ma, più a fondo, nei giochi apprendiamo la relazione con il mistero e con il pericolo e, quindi, con il divino.

Dicevamo che durante il nascondino si cerca il dio nascosto, e nell'Un due tre stella, invece, si coglie in un istante fortunato un dio inquieto. È questa, tra l'altro, la differenza tra *enciclopedia* e *oracolo* descritta da Gino Roncaglia: l'enciclopedia è l'esempio paradigmatico della concezione architettonico-deterministica del sapere, in cui si scartabella un archivio ordinato alla ricerca del lemma nascosto. A essa è contrapposto il modello oracolare-probabilistico, dove

> gli sviluppi delle reti neurali e dell'intelligenza artificiale sembrano suggerire nuove strade di organizzazione e riuso delle conoscenze: per certi versi meno formalmente rigorose, ma per altri versi incredibilmente produttive.[100]

Non ci indurre in tentazione

Ma oltre a essere degli oracoli, possiamo così dire... ci inducono in tentazione. Quale tentazione? Quella di leggere e vedere il già letto e il già visto. Quella di farci intrattenere (si chiama o no industria dell'*entertainment*?). Nel romanzo di Jean Lévi *Il grande imperatore e i suoi automi* (1986), l'antropologo e sinologo francese ricostruisce la vita di Qin Shihuangdi, l'imperatore che unificò la Cina, divenuto famoso per l'edificazione della Grande muraglia ma anche per l'imponente esercito di terracotta, ritrovato nel 1974, che lo accompagnava nel suo viaggio nell'oltretomba. Lévi ci racconta come l'imperatore, ossessionato dagli automi, decide di sostituire ogni attività umana che lo circonda con i simulacri: «Gli obbedivano, senza desideri, senza pensieri, senza movimenti che non fossero quelli programmati dal maestro delle macchine».[101]

Il risultato è una vera e propria sostituzione dell'essere umano a favore della macchina: programmabile, infallibile, ripetitiva, senza autonomia. Omologata. Mediocre.

> Il ritornello meccanico dei suoi bambocci di bronzo che sgranavano le loro note inesorabili placò la sua angoscia. Non era più urtato dai palpiti della carne, dalle irregolarità del respiro e del sangue.[102]

Intanto «le concubine languivano nei loro harem, le cantanti avevano perduto la voce e gli acrobati imbolsivano».[103]

È l'essere umano che a questo punto decide di assomigliare alla macchina. Con un cambio di prospettiva addirittura paradossale, l'umano si fa macchina, imita la «perfezione» matematica e ingegneristica delle macchine:

> Alcune delle danzatrici cercarono di imitare gli automi, adottarono un modo di camminare a scatti per introdursi presso il signore degli uomini e riconquistare i suoi favori. Venivano subito smascherate e decapitate.[104]

Non è che per caso creiamo macchine per imitazione e poi, assuefatti a questa regolarità, ne rimaniamo affascinati tanto da imitare o quantomeno orientare i nostri gusti ad assecondare il gusto delle macchine?

Il problema delle macchine sono gli esseri umani? Non stiamo parlando delle diverse guerre fantascientifiche che da *Galactica* a *Terminator* fino ad arrivare a *Matrix* descrivono la ribellione delle macchine, bensì del fatto che il vero problema etico è insito nella nostra assuefazione alle macchine, nel nostro possibile ridurci alle macchine, arrivando persino a perdere la nostra umanità.

Lo stesso Casanova nell'interpretazione che ne dà

Federico Fellini (*Il Casanova di Federico Fellini*, 1976) è una sorta di macchina. O meglio: si compara alle macchine. Il suo orgoglioso cinismo si trasforma in una battaglia con i meccanismi, come con il volatile d'oro che segna il tempo delle sue performance amorose o come la sfida amorosa con la bambola meccanica. La performance amatoriale del Casanova è il triste – o quantomeno malinconico – asservimento dell'uomo alla macchina. È il suo trasformare la parte più umana di sé – il desiderio e la sessualità – in mera prestazione macchinica. Fellini, nel rileggere le memorie del famoso libertino del Settecento, riprende la tradizione che lo vuole, oltre che nobile sfaccendato e dedito ai giochi, alle avventure e alle conquiste, anche matematico, alchimista e studioso di occultismo. Una sorta di scienziato dedito al culto della matematica, della meccanica e della chimica. Un uomo che si sottomette alla macchina e alla sua idea di assolutezza.

Le profezie autoavverantesi: etica parte terza

Ma scavando a fondo in questo concetto di macchinizzazione dell'uomo affascinato dall'omologazione, dalla mediocrità della macchina che lui stesso ha inventato, rinveniamo un ulteriore elemento altrettanto impattante. L'idea, cioè, che la creazione di macchine sempre più autonome e dalle qualità oracolari potrebbe indurre l'essere umano a farsi dominare da previsioni autoavverantesi. Già il padre della cibernetica ne era convinto. Nel suo *Introduzione alla Cibernetica. L'uso umano degli esseri umani* Norbert Wiener infatti appunta:

> Ho già detto che per quanto l'uomo moderno, e in specie l'americano, conosca preziosi accorgimenti tecnici, ha ben poca coscienza di ciò che vuole. Egli accetterà perciò la superiore abilità delle decisioni prese dalla macchina, senza preoccuparsi eccessivamente dei motivi e dei principi che sono dietro di esse.[105]

Siamo dunque noi a conferire superiorità alla macchina...

> Qualsiasi macchina costruita per indicare delle decisioni, se non possiede la facoltà di imparare, agirà sempre in conformità di uno schema meccanico. Guai a noi se la lasceremo decidere della nostra condotta senza aver prima studiato le leggi che governano il suo comportamento, e senza sapere con certezza che questo comportamento sarà basato su principi che noi possiamo accettare![106]

Insomma, ci stiamo incaricando ora di un problema che era già emerso in tutta la sua evidente potenza più di cinquanta anni fa.

Ma Wiener fa qualcosa in più: cita un famoso racconto di William Wymark Jacobs dal titolo *La zampa della scimmia*, uscito nel 1902, in cui una mano mozzata di scimmia si rivela un talismano alquanto particolare: ha sì il potere di esaudire i desideri, ma le ricadute di questi desideri sono nefaste. Un tema affascinante, quello degli oracoli maledetti, e che in qualche modo oggi, circondati da oracoli intelligenti, ci sollecita ancora di più.

Soprattutto perché assistiamo a oracoli condizionati da *bias*, da *fake news* e allucinazioni di diverso tipo e natura. Anche la scrittrice di fantascienza Ursula Le Guin ne è stata affascinata, tanto da scrivere una sorta di remake cyberpunk del testo di Jacobs. Parliamo de *La falce dei cieli* (1972), in cui il protagonista vede avverare tutto ciò che sogna. Consegnatosi a uno psicologo che vuole manipolare questo dono per cambiare il mondo, nonostante le buone intenzioni non fa altro che peggiorarne la situazione. Il protagonista è una sorta di macchina intelligente nelle mani di uomo che, nonostante i buoni propositi, non fa altro che scatenare allucinazioni perverse che portano a un passo dalla distruzione del mondo. Stiamo creando sistemi logici a cui affidiamo un compito che non dovrebbe appartenergli: guidare le scelte, anticiparle e predirle. Ma senza comprenderle, senza averne coscienza e, quindi, rischiando di produrre solo allucinazioni nefaste. E proprio *allucinazioni* si chiamano in termine tecnico gli errori di risposta delle IA generative: sono quelle risposte che non sembrano corrispondere a quanto richiesto. Un po' come le visioni allucinatorie di *Solaris*. Nel famoso romanzo di Stanislaw Lem, un pianeta oceano cerca di comunicare con gli esseri umani che risiedono sulla base che gravita intorno a esso, ma ciò che riesce a generare sono le concretizzazioni dei pensieri più riposti, gli amori, le ossessioni, scatenando sensi di colpa. Solaris produce sogni realistici, ma non avendo coscienza umana provoca allucinazioni, incubi e storture. *Solaris* è forse a oggi la più importante metafora della IA e dei suoi impatti.

7
Losing touch with the texture

Nel capitolo *Sull'organizzazione delle cose* dello *Zhuāngzǐ* (莊子), testo taoista del III secolo a.C. che prende il nome dal suo autore, è raccontato il sogno del filosofo cinese in cui questi si scoprì farfalla. Svegliatosi e tornato nei propri panni ordinari, entrò in un profondo stato di confusione. Come poteva essere sicuro di essere *davvero* Zhuāngzǐ? Era un uomo che aveva sognato una farfalla o una farfalla che stava sognando di essere un uomo? E, ancora più a fondo, nel sogno era stato un uomo in forma di farfalla o una farfalla che aveva sognato un uomo capace di sognare una farfalla?

Forse era vero *tutto*: Zhuāngzǐ e la farfalla erano contemporaneamente l'uno il sogno dell'altra, quantomeno in quel piano *intermedio* che si trova tanto al di là dello stato di veglia quanto di quello del sogno, in quel punto nel quale i bordi sono sfumati e gli opposti non si oppongono ma si affiancano, e i problemi di questo mondo appaiono, più che falsi, inconsistenti.

In molti, nei millenni, hanno provato a chiarire l'oscuro rapporto tra veglia e sogno, e a produrre una dimostrazione definitiva del fatto che la veglia sia il piano con il maggior *canone di realtà* rispetto al sogno.

Perché prima dell'esistenza di Dio, prima di ogni altra domanda sul senso della vita c'è il grande dubbio: è questa la vera esistenza? È questa la vera vita? Perché, qualora non lo fosse, vivere seriamente una vita illusoria sarebbe tragico, oltre che ridicolo.

Se mai Zhuāngzǐ si è reincarnato, deve essersi calato nel Novecento senz'altro in Borges, che sul limo tra la terra della veglia e il fiume del sogno incentrò la propria esplorazione letteraria. Ne *La scrittura del Dio* fece subire a un suo personaggio la peggiore delle rivelazioni che possono seguire un risveglio: «Non ti sei destato alla veglia ma a un sogno precedente. Questo sogno è dentro un altro, e così all'infinito».[107] Un incubo mortale che annuncia l'inesistenza di un piano ultimo di realtà e, quindi, l'impossibilità di prendere e prendersi davvero sul serio.

Il corpo tra Matrix *e* eXistenZ

Oltre alla letteratura, negli ultimi trent'anni il cinema ha allenato l'umanità ad abitare il *bardo*, l'*intermedio*, prendendo a piene mani da riflessioni filosofiche antiche e da romanzi come *Neuromante* di William Gibson, fumetti come *The Invisibles* di Grant Morrison e la letteratura psicotropa di Carlos Castaneda.

L'anno più incredibile dal punto di vista della produzione cinematografica *à la Zhuāngzǐ* è stato senza dubbio il 1999. *Eyes Wide Shut, Fight Club, Il sesto senso*, *Il tredicesimo piano* hanno indagato in maniera puntuale quello stato mediano tra realtà e finzione, sogno e veglia, corpo fisico e corpo immaginale. Ma sono soprattutto due film, usciti incredibilmente anche questi nel 1999, ad aver posto in scena in maniera esemplare le domande che si sono posti Zhuāngzǐ, Borges, Calderòn de la Barca, Roberto Calasso, Dylan Dog e molti altri indagatori dell'incubo. *Matrix* sconvolse il mercato, arrivando a incassare quasi mezzo miliardo di dollari durante l'anno. *eXistenZ*, quindicesimo lungometraggio di David Cronenberg, ottenne invece poco più di tre milioni e fu un fiasco colossale, giacché era costato cinque volte tanto. Eppure, a distanza di più di vent'anni il film del regista canadese apre almeno altrettanti interrogativi del molto più blasonato lavoro delle sorelle Wachowski, e offre numerose suggestioni sul nostro presente che sono estremamente puntuali, ma che forse arrivarono troppo in anticipo.

Il punto centrale del film di Cronenberg è senza dubbio il *corpo*. Il regista aveva già fatto della somatologia il fulcro della propria ricerca: *Il demone sotto la pelle*, *Rabid*, *Sete di sangue*, *La mosca* sono riflessioni sull'orrore del corpo e sul corpo dell'orrore. Come reagisce un corpo invaso da un *altro*? Dove finisce un corpo, e come si mescola e relaziona con gli altri corpi? E, più a fondo: cos'è corporeo, e in che modo è tangibile, vero, reale? Le protesi artificiali – dalle stampelle agli smartphone – sono *parti* o *estensioni* del nostro corpo?

Quest'ultima domanda sembrerebbe avere una risposta ovvia: né parti né estensioni. Una stampella è una stampella, uno smartphone è uno smartphone. Il nostro corpo resta più o meno identico a se stesso prima, durante e dopo l'utilizzo delle protesi. Non si *espande*, semmai si *connette*. È quel che accade in *Matrix* quando Neo si risveglia in una tra le miliardi di incubatrici dove vivono gli umani, e scopre di vivere connesso attraverso alcuni cavi alle macchine, per le quali funge da batteria permanente. Nel corpo di Neo è presente una porta d'ingresso per il passaggio da un mondo all'altro, posizionata dietro la nuca. Quel cavo metallico non è altro che un ponte sterile tra due mondi. Un mezzo, e niente di più.

Ma un collegamento molto simile – ed è davvero incredibile la somiglianza tra i due film usciti a pochi mesi di distanza – si trova anche in *eXistenZ*: non in cima alla colonna vertebrale ma sul fondo della schiena gli umani si installano una *bio-port*, un foro praticato attraverso un'idropistola.

Quel che in Matrix è terribile perché algido, sterile, asettico, in una parola *antierotico* – vale a dire le macchine, il metallo, i cavi, i computer – nel film di Cronenberg è terribile perché fisico, corporeo, viscido. Erotico. In una parola, *unheimlich*, perturbante. Con questo termine Sigmund Freud definisce quel che produce una sensazione di familiarità e al contempo di estraneità. Come ha scritto Friedrich Schelling anticipando il filosofo austriaco: «È detto *unheimlich* tutto ciò che potrebbe restare segreto, nascosto, e che è invece affiorato».[108] La corporeità dei *devices* di Cronenberg è perturbante perché rivela ciò che è latente.

L'eros delle macchine

Matrix è stato un film monumentale, ma oltre a rivelare alle masse alcuni «segreti» che le tradizioni trasmettevano da millenni ha contribuito a *velarne* altri. Esaltando il lato tanatologico delle macchine ha trascurato il versante opposto della tecnologia: quello *erotico*. In particolare, quel che *Matrix* copre e che invece *eXistenZ* rivela è il grande segreto della tecnologia come *desiderio corporeo*, disgusto e piacere dell'intrusione nel corpo.

Nel film di Cronenberg la *bio-port* è un buco che ricorda molto da vicino un ano e che permette la connessione, tramite la Umbycord, con il Game Pod e con gli altri giocatori. I Game Pod (il primo iPod sarebbe uscito soltanto due anni dopo, nel 2001) sono nel film i device attraverso i quali è possibile giocare, *console* fatte di carne, ossa e spina dorsale, qualcosa di simile a delle placente in continuo movimento alimentate attraverso i corpi dei giocatori, che per attivarsi vanno accarezzate e di cui è essenziale avere cura: possono infatti ammalarsi e morire. I Game Pod sono a tutti gli effetti esseri viventi, animali nati da uova di anfibio trattate con DNA sintetico, la cui alimentazione passa attraverso gli Umbycord (*biotechnological umbilical cord*), veri e propri cordoni ombelicali biotecnologici che li collegano ai giocatori attraverso la *bio-port*, permettendo così di *entrare nel gioco*. In più occasioni i protagonisti del film, Allegra Geller e Ted Pikul, indugiano sensualmente sul proprio foro e su quello dell'altro. Desiderano entrambi penetrare ed essere penetrati.

Il mostruoso umano

Allegra Geller viene presentata all'inizio del film come la creatrice di *eXistenZ*, un gioco di realtà virtuale che trasporta i giocatori in una sorta di universo parallelo, impossibile da distinguere dalla realtà ma più intenso, più denso, più interessante. Quando Ted sperimenta per la prima volta il gioco, infatti, gli viene chiesto da Allegra se non desideri tornare immediatamente a giocare, lì dove la vita è più degna di essere vissuta. Perché perdere tempo nel noioso e triste mondo ordinario quando si può star bene altrove? Ma Ted risponde con terrore: «Non sono sicuro che qui, dove siamo, sia reale. Anche qui sembra un gioco, e tu stai cominciando a sembrare un personaggio del gioco».

La conseguenza filosofica naturale di questa irruzione nell'ordinario del perfetto labirinto umano artificiale, troppo simile al labirinto divino reale, è che la realtà stessa diventa indistinguibile dalla virtualità. E se da un sogno prima o poi ci si sveglia, chi potrebbe sostenere con certezza, dopo aver giocato a *eXistenZ*, di trovarsi nella realtà «reale»? Nessuno. Aver tolto di mezzo i computer, i cavi, i chip, gli schermi e le tastiere ha permesso a Cronenberg di mostrare quel che il resto della produzione cinematografica e letteraria affine non poteva in alcun modo mettere in evidenza, ossessionata com'era dalle luci e dai suoni artificiali: il fatto che siamo tutti mostruosi, e che il nostro rapporto con la tecnologia è tutt'altro che *sterile*. Stiamo mascherando con efficacia il nostro possente e totalmente corporeo erotismo carnale. Non stiamo scappando dal corpo attraverso l'IA, come molti apocalittici sostengono; al contrario, ci stiamo calando nelle profondità organiche grondanti sangue, protette da una patina sempre più sottile di design elegante e minimalista. Attraverso la pelle lucida e oramai semitrasparente dei nostri computer possiamo, se guardiamo con cura, intravedere un cuore di carne pulsare.

Chi è il device?

Il rapporto tra il corpo del giocatore e il corpo del Game Pod produce poi uno stordimento colossale: così come Zhuāngzǐ era *anche* l'uomo sognato dalla farfalla, l'umano è *anche* l'estensione del Game Pod. Non può che provocare terrore, se arriviamo a comprenderne le conseguenze fino in fondo. In *Al di là del bene e del male* Nietzsche scrive che «chi combatte contro i mostri deve guardarsi dal non diventare egli stesso un mostro. E quando guardi a lungo in un abisso, anche l'abisso ti guarda dentro».[109] Nella nostra tensione quotidiana con la tecnologia ignoriamo il fatto che *siamo osservati*, giocati, usati tanto quanto osserviamo, giochiamo e usiamo. L'IA ci fa paura per la sua *distanza*, ma dovrebbe piuttosto sconvolgerci per la sua *vicinanza*. Più che temere il dominio delle macchine in un futuro distopico, dovremmo tremare (anche di piacere) di fronte al punto di non ritorno nel quale siamo giunti: la specularità con cui umano e device si usano a vicenda. Ma per vederlo serve la *carne*.

Demoni e realisti

L'inizio del film si svolge in una sala dove, insieme a dodici volontari, Allegra Geller sta per iniziare la sperimentazione del suo nuovo gioco, *eXistenZ*, quando d'un tratto uno dei presenti, autodefinitosi un membro «realista», le spara con una *gristle gun*, una pistola fatta anch'essa di materiale organico, a rimarcare la natura biologica della violenza, delle armi e del sacrificio.

I realisti rappresentano nel film il fronte dei difensori della realtà, che vogliono impedire la creazione di un altrove capace di svuotare il senso del mondo ordinario. Lo spettatore tende quasi a empatizzare con questi fondamentalisti terrorizzati, ma al contempo ne riconosce la bigotteria violenta. Sono l'ombra ideale dei ribelli della Zion di *Matrix*, che lottano anch'essi per difendere il mondo *vero* da quello *falso*.

Il dilemma del realista è che, nonostante voglia favo-

La *gristle gun di eXistenZ.*

rire il risveglio delle persone illuse da un mondo falso, non può che essere comunque un *fedele*: crede fermamente, cioè, che quella che abita sia la realtà *ultima* (o *prima*, a seconda delle prospettive). È convinto di sapere, quando in verità sta soltanto *sperando*. Come afferma lucidamente Tom, dopo il gioco anche lui è terrorizzato all'idea di perdere il *touch with the texture*, il contatto con la struttura portante della realtà.

Il realista che attenta alla vita di Allegra Geller grida: «Morte al demone Allegra Geller!» (*demoness* nell'originale). La game designer è una demonessa in quanto *daimon*, intermediario tra umano e divino, quindi essa stessa umana e divina, ossia *mostruosa*. Lo è perché tenta gli umani, li seduce, e per questo è meritevole di una *fatwa*. Non a caso l'idea del film nacque nel 1995 da un'intervista fatta da Cronenberg a Salman Rushdie, durante la quale lo scrittore indiano aveva raccontato lo sconvolgimento provocato nella sua vita dalla condanna a morte che aveva subito dopo la pubblicazione del suo libro del 1988 *I versi satanici*. Rushdie era stato accusato di blasfemia poiché aveva romanzato alcune storie tradizionali fuori dal canone coranico nelle quali il Profeta mostrava delle debolezze e veniva criticato da alcuni suoi amici.

Lo scrittore fu messo sotto scorta ma il suo traduttore cinese, Hitoshi Igarashi, venne ucciso nel 1991, e nel giro di due anni vennero feriti l'editore norvegese e il traduttore italiano. La colpa di Rushdie – aver offeso la Verità – fu d'ispirazione per tracciare il destino della protagonista del film di Cronenberg.

Magistrale, a questo proposito, è la frase pronunciata da Tom sul mondo del gioco, che però si adatta terribilmente anche al mondo ordinario:

> Procediamo improvvisando continuamente in questo informe mondo, le cui regole e obiettivi sono sconosciuti, apparentemente indecifrabili, per non dire che forse nemmeno esistono; sempre sul punto di essere uccisi da forze di cui ignoriamo il senso.

XZ

Si è a lungo dibattuto sul motivo per il quale Cronenberg abbia scelto di mettere in maiuscolo la X e la Z in *eXistenZ*, e sul fatto che in ungherese, la lingua dei produttori del film, il termine *isten* contenuto tra le due lettere significhi «Dio».

Più che perderci in queste elucubrazioni, ci pare interessante far notare che la parola *Existenz* è tedesca, e nella filosofia novecentesca ha ricevuto molte attenzioni. Karl Jaspers, nello specifico, pone una differenza netta tra esserci (*Dasein*) ed esistenza (*Existenz*). Il Dasein è tutto quel che c'è, che è posizionato nello spazio e nel tempo, ossia tutto l'osservabile e, quindi, conoscibile. L'essere umano non è un Dasein perché non è posizionato nello spazio tempo: non si limita a *esserci,* ma è *Existenz,* ossia esistenza possibile, capace di progettarsi e di decidere di sé.

Tale processo si manifesta attraverso quella che Jaspers definisce una dinamica di *libertà* e *situazione*. La situazionalità, ossia il fatto che l'esistenza è necessariamente calata in una situazione, e quindi in movimento, al di fuori di un sito fisso nello spazio e nel tempo, condiziona l'essere umano ma allo stesso tempo genera la possibilità pratica di determinarsi. Ogni scelta è condizionata dal contesto ma, proprio per questo condizionamento, sviluppa un territorio entro il quale essere possibile. È la scelta a realizzare l'eXistenZ, a far fiorire l'istante unico e irripetibile che di volta in volta si abita. Del resto, come ha scritto Heidegger «già nella formulazione della domanda "Esiste...?", c'è qualcosa che esiste».

Non porta a nulla di definitivo, in altre parole, domandarsi se la realtà che si vive è l'ultima, la prima o una delle infinite possibilità intermedie. Qualcosa esiste, e tanto basta. Non c'è una risposta ultima a cui possiamo attingere. Ma è essenziale imparare a porsi correttamente, tragicamente e serenamente questa domanda, se vogliamo *esistere* davvero.

Epilogo

In una clinica dall'aspetto anonimo, una giovane donna di nome Alicia si trova immersa in un dialogo intenso con lo psichiatra Robert Cohen. La scena potrebbe sembrare ordinaria, se non fosse per la straordinarietà di Alicia e per le domande che il loro scambio solleva sulla natura stessa dell'intelligenza e della realtà. Alicia si è presentata volontariamente alla clinica Stella Maris, tormentata da allucinazioni che sfidano la sua percezione del mondo. La sua cartella clinica recita «schizofrenia paranoide», ma questa etichetta sembra insufficiente a catturare la complessità della sua mente. Alicia non è solo una paziente; è un'intelligenza che sfida le categorie convenzionali. *Stella Maris* del 2022 è l'ultimo libro di Cormac McCarthy e si presenta come una serie di sedute e di scambi tra Alicia e il dottor Cohen. Puro dialogo, proprio come una chat di IA. Le parole fluiscono, intrecciate di concetti matematici, filosofici e esistenziali. Alicia inizia a descrivere se stessa, il suo passato, le sue convinzioni. La sua vita è stata interamente dedicata alla matematica. Dottoranda all'Università di Chicago, ha trovato nella purezza dei numeri e delle equazioni l'unica ragione d'essere. La sua mente naviga con disinvoltura tra teorie degli insiemi, dei topoi, dei giochi, della meccanica quantistica. La matematica, quindi, e i suoi protagonisti, così presenti nel libro. Continuamente citati, ricordati, anche semplicemente nominati. Hilbert, Poincarè, Dedekind, Cantor, von Neumann, Oppenheimer, Conway, Einstein, Dirac, Feynman, Gödel, Gauss, Riemann, Eulero, Noether, Ipazia, Klein, Minkowski, Turing, Cauchy, Lie, Brouwer, Boole, Peano, Hamilton, Laplace, Lagrange.

Matematici, ma anche logici o comunque filosofi che si sono occupati di logica, matematica e linguaggio. Anassimandro, Talete, Wittgenstein innanzitutto, ma anche Russell, Heidegger, Frege. Alicia suona, e il suo compositore di riferimento è Bach, anche lui ossessionato dalle strutture matematiche. Quello di Alicia è un viaggio personale e nello stesso tempo epocale di una civiltà che si è costruita sulla matematica. L'epoca moderna, poi quella digitale e ora – epigono – quella della IA. Ma c'è qualcosa di inquietante nella precisione con cui Alicia ricorda e elabora informazioni. Il suo QI, spiega, è incalcolabile. Si è sottoposta a diversi test, proprio come una macchina, e il risultato è che «Non ho un QI».[110] L'intelligenza sono i numeri, spiega Alicia. Gli stessi test del QI sono basati sulla matematica e, quindi, sui numeri: «Con l'intelligenza verbale si arriva solo fino a un certo punto. Poi c'è un muro, e se non capisci i numeri non vedi nemmeno il muro».[111] La sua applicazione alla disciplina sfiora la totale abnegazione, alla quale soltanto una macchina può sottoporsi: «facevo matematica diciotto ore al giorno».[112] La soglia di definizione dell'intelligenza per questa ragazza, già bambina prodigio della matematica, è indescrivibile, proprio come quella di un'IA. Ma allora la domanda che sorge spontanea è la seguente: Alicia è forse una IA? Una IA come quella ipotizzata da Turing, in grado di rispondere alle domande degli esseri umani senza farsi riconoscere? È lei a disseminare tracce in questa direzione, e a descrivere un'evoluzione fatta di una sorta di mosaico di leggi e proposizioni matematiche e filosofiche entro cui sono incastrati i suoi sogni e le sue allucinazioni. Proprio come una IA allucinata, che produce output non basati sulla realtà, Alicia ha generato un pantheon personale di deviazioni difficilmente spiegabili. E tutto ciò mette in crisi il suo sistema di riferimento e, quindi, la sua idea di percezione e di realtà. È la stessa Alicia a parlarci del valore della memoria e di quello degli archivi e delle biblioteche, e più in generale dell'archiviazione di dati:

> «Quanti libri ha letto?
> (...) Probabilmente due al giorno. Di media. Per circa dieci anni. Diciamo. Quanto fa? Settemilatrecento. Sono molti? Probabilmente di più. Probabilmente siamo più sui diecimila. Mi assesterei sui diecimila. A volte passavo le giornate a leggere. Diciotto, venti ore».[113]

Ma il passaggio ancora più emblematico lo troviamo subito dopo...

«Si ricorda tutto quello che legge?
Sì. Altrimenti perché leggerlo?»[114]

Eppure la cosa non è così semplice. Un dubbio si propone: e se fosse esattamente il contrario? E se fosse lo psichiatra l'IA che deve essere alimentata dalla giovane matematica e informatica? Se fosse proprio Alicia a definire dei parametri nuovi, così come con le nuove IA generative possiamo personalizzare il nostro chatbot, inserire dei dati identitari, creare un sistema di dialogo che sorpassa la semplice idea di *prompt*?

È la stessa Alicia a fornirci qualche esempio in tal senso quando, canzonando una certa rigidità nelle risposte del dottor Cohen, lo paragona a ELIZA, la famosa chat che ha anticipato le IA generative e che imitava il comportamento di uno psicologo. In questo gioco di specchi, chi sta realmente analizzando chi?

Stella Maris si presenta in questa particolare lettura come un precursore di un nuovo immaginario post-IA. Un mondo in cui le IA non sono più distinguibili dall'esterno, ma sono parte integrante delle nostre memorie, dei nostri pensieri e delle nostre percezioni. Si può forse cogliere uno spirito, che è lo spirito dell'epoca delle IA di nuova generazione, e quindi il punto di arrivo più alto dell'evoluzione del pensiero matematico e logico. La società algoritmica che si definisce definitivamente come sistema derivato da un pensiero, da narrazioni e da immaginari legati alla scienza, alla scienza nuova, quella della formalizzazione matematica e della applicazione della logica. La scienza che ha dispiegato le proprie spire anche sul parlare, sul linguaggio, come avviene con le IA generative e in *Stella Maris*. Un sistema di pensiero complesso che genera non tanto una disputa tra umani e macchine, tra intelligenze naturali e IA, bensì un dialogo serrato, un interscambio continuo tra intelligenze di diversa natura e di diversa provenienza ed evoluzione. In questa nuova dimensione, a essere messi in crisi sono il linguaggio e il sistema che sostiene il linguaggio come forma di comprensione del mondo e scambio di informazioni. E, inoltre, il senso della realtà.

Forse il nuovo immaginario della IA parte proprio da qui, da una interdipendenza tra intelligenze differenti e in continua evoluzione e mutazione. Un sistema in cui la tecnologia che nasce come esternalizzazione si trasforma prima in uno specchio in cui l'essere umano si contempla e prova a migliorarsi, e poi in un superamento persino dello specchio, verso uno scambio continuo. Con *Stella Maris* abbiamo il primo immaginario post IA in cui l'IA è parte integrante delle nostre memorie personali e collettive. Vista da fuori non si riesce nemmeno a distinguere dall'essere umano. Con buona pace del test di Turing.

Dalla magia al prestigio, e dal prestigio alla magia

Il rapporto tra magia e illusionismo che abbiamo osservato all'inizio di questo libro, quindi, si mostra in *Stella Maris* con una complessità maggiore: per Alicia Western la matematica comincia come un gioco di prestigio, ossia «il momento in cui la donna che hai appena visto segata in due salta fuori dalla cassa e si inchina davanti al pubblico»,[115] e appare come «magia se uno non la capisce. Man mano che la studi diventa meno magica. Poi quando ti rendi conto che c'è un preciso senso in cui non la capirai mai torna a essere magica. In genere le persone vengono a patti con i loro demoni».[116] Allo stesso modo, quando l'IA fa la sua prima apparizione sulla scena pubblica sembra dotata di poteri soprannaturali. Abbiamo raccontato i chatbot che conversano come umani, gli algoritmi che prevedono tendenze con precisione inquietante, i sistemi che generano arte e musica apparentemente dal nulla – tutto questo appare come pura magia. Man mano che li studiamo a fondo, però, l'alone magico inizia a cadere. Comprendiamo i principi del *machine learning*, scrutiamo dentro le reti neurali, sveliamo gli algoritmi dietro le decisioni apparentemente intelligenti. L'IA si riduce a una serie di trucchi computazionali sofisticati ma, in fondo, comprensibili. È come guardare dietro le quinte di uno spettacolo di magia. Tuttavia, se approfondiamo ancora oltre la nostra comprensione della IA, ci rendiamo conto della vastità e della complessità della nostra invenzione. Comprendiamo di averla messa al mondo affinché sviluppasse in qualche modo quel «preciso senso in cui non la capiremo mai» di cui parlava Alicia. Si rivela il nostro anelito mistico in quei comportamenti eccezionali o bizzarri della macchina che non riusciamo a prevedere del tutto, in quelle capacità che, come abbiamo visto, sembrano trascendere la somma delle parti. In un momento di puro *thauma*, di stupore e terrore di fronte a una magia al contempo bianca e nera, salvifica e devastante, capiamo allora che ad essere magica non è l'IA, ma la storia culturale della IA, l'insieme dei nostri sforzi e dei nostri sogni millenari. Non è lo strumento in sé, ma il più ampio ecosistema cognitivo di cui facciamo parte, che ci inventa mentre lo inventiamo.

Riconosciamo le innumerevoli interazioni e sovrapposizioni tra natura e artificio, e la «macchina» non appare più come un'entità separata da comprendere o temere, ma come un aspetto integrale della nostra evoluzione cognitiva e sociale. Mentre il dialogo tra Alicia e il Dr. Cohen si dipana, ci troviamo di fronte a una domanda fondamentale: in questo nuovo mondo di intelligenze ibride e realtà sfumate, cosa significa essere umani? La risposta è nascosta nei numeri, nelle equazioni e nei dialoghi infiniti che Alicia, umana o IA che sia, continua instancabilmente a esplorare?

O forse la risposta non c'è, e la vera rivelazione sta proprio in questo: che la macchina di Kafka, l'algoritmo di Babele, quel labirinto incomprensibile che tanto ci angosciava, siamo noi. Ogni conversazione, ogni calcolo, ogni dubbio e intuizione sono ingranaggi di questo vasto meccanismo cognitivo che abbiamo creato e che ci crea a sua volta. L'angoscia kafkiana si rivela pienamente: non il terrore di essere schiacciati da un sistema incomprensibile, ma la vertigine di riconoscersene parte integrante, schiacciati, schiaccianti e osservatori esterni al contempo. In questa nuova realtà, l'intelligenza non appare più soltanto come lo strumento per comprendere il mondo, ma come il tessuto stesso di cui il mondo è fatto. Il Dr. Cohen, Alicia e i suoi personaggi allucinatori, che siano umani, macchine o qualcosa di intermedio (e, quindi, demonico), continuano il loro dialogo infinito, mentre noi ci ritroviamo a contemplare una nuova forma di esistenza: non più intrappolati nella macchina di Kafka, ma divenuti noi stessi la macchina. Infinitamente complessi, eternamente in evoluzione, sempre sul punto – perennemente mancato – di comprendere davvero noi stessi.

È il paradosso stesso della conoscenza:

> Quanti più dati raccogliamo e quanto più profonda è la nostra comprensione della storia, tanto più in fretta la storia muta il suo corso e, corrispondentemente, la nostra conoscenza diventa obsoleta.[117]

Quanto più ci avviciniamo alla comprensione di noi stessi e del mondo, tanto più ci rendiamo conto della vastità di ciò che ancora non sappiamo e dell'assurdità radicale della nostra vita. Quando l'essere umano giunge al fondo della verità, scoprendo l'insensatezza della propria esistenza – quel che i Greci chiamavano il «segreto di Sileno» – si trova faccia a faccia con il nulla. È qui che, come intuì Leopardi, le illusioni ben fatte rivelano la loro importanza cruciale: non come fuga, ma come necessario sostegno per reggere il peso della verità ultima. E proprio come i Greci creavano miti e significati per dare forma al caos, l'uomo moderno può finalmente forgiare le proprie straordinarie illusioni, consapevole sia della loro natura effimera che della loro necessità esistenziale. In questo contesto, l'IA è il nuovo terreno su cui stiamo proiettando e con cui stiamo creando queste illusioni vitali, un mezzo attraverso il quale continuiamo l'antica pratica di dare forma e senso all'assurdità dell'esistenza.

È, in fondo, un modo per «venire a patti con i nostri demoni», come direbbe Alicia.

Ringraziamenti

Gli autori desiderano ringraziare: Nicola Bonimelli, Daniela Calisi, Derrick de Kerckhove, Jeffrey Schnapp, Chiara Stangalino, Michele Trionfera.

Note

[1] Franz Kafka, *Quaderni in ottavo*, in *Tutti i romanzi, i racconti, pensieri e aforismi*, Newton Compton, Roma 2012, p. 1113.

[2] Ibidem.

[3] James Bridle, *Modi di essere. Animali, piante e computer: al di là dell'intelligenza umana*, Rizzoli, Milano 2022, versione digitale.

[4] Franz Kafka, Max Brod, *Aeroplani a Brescia*, Morcelliana, Brescia 2021, p. 31.

[5] Franz Kafka, *Il cruccio del padre di famiglia*, in *Il messaggio dell'imperatore*, Adelphi, Milano 1981, p. 237.

[6] *Der Zauberberg*, letteralmente *La Montagna magica*, come appare difatti nella versione curata da Luca Crescenzi e Renata Colorni per i "Meridiani" Mondadori, pubblicata nel 2010.

[7] Omero, *Iliade*, Salerno Editrice, Roma 2004, p. 392.

[8] Ivi, p. 394.

[9] Roberto Calasso, *L'innominabile attuale*, Adelphi, Milano 2017, p. 80.

[10] Ibidem.

[11] Elena Sbrojavacca, *Letteratura assoluta. Le opere e il pensiero di Roberto Calasso*, Feltrinelli, Milano 2021, versione digitale.

[12] Roberto Calasso, *L'innominabile attuale*, cit., p. 80.

[13] Elena Sbrojavacca, *op. cit.*

[14] Andrea Prencipe, Massimo Sideri, *Il visconte cibernetico*, Luiss University Press, Roma 2023. Versione digitale.

[15] Elena Sbrojavacca, *op. cit.*
[16] Ibidem.
[17] Roberto Calasso, *La Rovina di Kasch*, Adelphi, Milano 1983, p. 32.
[18] Maryanne Wolf, *Lettore, vieni a casa. Il cervello che legge in un mondo digitale*, Vita e Pensiero, Milano 2018.
[19] Apollonio Rodio, *Le Argonautiche*, Rizzoli, Milano 1986, pp. 707-708.
[20] Roberto Calasso, *L'innominabile attuale*, cit., p. 79.
[21] Marco Tullio Cicerone, *La Repubblica*, Rizzoli, Milano 2008, pp. 271-273.
[22] Edgar Allan Poe, *Racconti*, Garzanti, Milano 1988, p. 488.
[23] Apollonio Rodio, *Le Argonautiche*, Rizzoli, Milano 1986, p. 707.
[24] Franz Hartmann, *Il mondo magico di Paracelso*, Edizioni Mediterranee, Roma 1982, pp. 235-236.
[25] Edgar Allan Poe, *op. cit.*, p. 490.
[26] Jonathan Swift, *I viaggi di Gulliver*, Mondadori, Milano 2012, pp. 197-198.
[27] Ivi, p. 204.
[28] Ivi, pp. 204-205.
[29] Ivi, p. 205.
[30] Ivi, pp. 205-206.
[31] Fritz Leiber, *Le argentee teste d'uovo*, SFBC, Piacenza 1964, p. 74.
[32] Irene Doda, *L'utopia dei miliardari*, Edizioni Tlon, Roma 2024.
[33] Jorge Luis Borges, *Tlön, Uqbar, Orbis Tertius*, in *Finzioni*, Adelphi, Torino 2003, p. 20.
[34] Ivi, p. 33.
[35] Ibidem.
[36] Simone Weil, *Quaderni, III*, Adelphi, Milano 1988, p. 23.
[37] Gino Roncaglia, *L'architetto e l'oracolo*, Laterza, Roma 2024, p. 143.
[38] Ibidem.
[39] Angelo Tasca, *Cultura e socialismo*, in «L'Ordine Nuovo», n. 8, 28 giugno-5 luglio 1919.
[40] Dall'intervista di Rebecca Jarvis a Sam Altman per «ABC News», 18 marzo 2023, disponibile su https://www.youtube.com/watch?v=-540vzMlf-54.
[41] Stanislaw Lem, *Cyberiade. Viaggio comico, binario, libidinatorio nell'universo di due fantageni*, Marcos y Marcos, Milano 2003, p. 56.
[42] Luigi Malerba, *Testa d'argento*, Mondadori, Milano 1988, p. 141.

[43] Richard Cobb, *Reazioni alla Rivoluzione francese*, Adelphi, Milano 1990, p. 13.
[44] Roberto Calasso, *La Rovina di Kasch*, cit., p. 234.
[45] Roberto Calasso, *Il libro di tutti i libri*, Adelphi, Milano 2019, p. 332.
[46] Frances A. Yates, *L'arte della memoria*, Einaudi, Torino 1972, p. VII.
[47] Matteo Pasquinelli, *Tremuli anni di rituali algoritmici*, in Francesco D'abbraccio e Andrea Facchetti (a cura di), *AI & Conflicts*, vol. 1, Krisis Publishing, Brescia 2021, p. 100.
[48] Cfr. Giordano Bruno, *De Umbris Idearum. Le ombre delle idee*, a cura di Claudio D'Antonio, Di Renzo Editore, Roma 2004.
[49] Francesco Bacone, *La nuova Atlantide*, SE, Milano 2013, p. 67.
[50] Ibidem.
[51] Thomas Hobbes, *Leviatano*, Rizzoli, Milano 2011, p. 95.
[52] Ivi, pp. 95-96.
[53] Ivi, p. 96.
[54] Dalla serie *La matematica spiegata da Paolo Zellini* pubblicata nel 2022 dal «Corriere della Sera», disponibile sul sito https://video.corriere.it/scienze/paolo-zellini-spiega-matematica/matematica-difficile-perche-impariamo-scuola/c9ee24d0-5c2f-11ed-b827-fa754029d3c4.
[55] Paolo Zellini, *Il teorema di Pitagora*, Adelphi, Milano 2023, p. 13.
[56] Ivi, p. 15.
[57] Ibidem.
[58] Paolo Zellini, *La dittatura del calcolo*, Adelphi, Milano 2018, p. 121.
[59] Ivi, p. 157.
[60] Paolo Zellini, *Il teorema di Pitagora*, cit., p. 7; e anche: «I calcoli appaiono aridi ed estranei all'ambito filosofico o religioso, ma questa è pura apparenza: religione e matematica, metafisica e calcolo, azione rituale e pensiero esatto sembrano combinarsi, all'inizio, in un'unica, imponente compagine» (*La matematica degli dèi e gli algoritmi degli uomini*, Adelphi, Milano 2016, p. 33).
[61] Erwin Schrödinger, *La Nature et les Grecs*, Les Belles Lettres, Parigi 2014, p. 152.
[62] Giorgio Colli, *La nascita della filosofia*, Adelphi, Milano 1974, p. 116.
[63] Paolo Zellini, *Il teorema di Pitagora*, cit., p. 14.
[64] Ibidem.
[65] Paolo Rossi, *Clavis Universalis. Arti mnemoniche e logica combi-*

natoria da Lullo a Leibniz, Riccardo Ricciardi Editore, Milano-Napoli 1960, p. 238.
[66] Gottfried Wilhelm Leibniz, *La Monadologia*, par. 17, in Leibniz, *I classici del pensiero*, vol. 1, Mondadori, Milano 2008.
[67] Paolo Zellini, *La matematica degli dèi e gli algoritmi degli uomini*, cit., p. 8.
[68] Peter Sloterdijk, *Sfere I*, Cortina, Milano 2009, pp. 447-461.
[69] Roberto Calasso, *K.*, Adelphi, Milano 2005, p. 128.
[70] Franz Kafka, *Racconti*, Mondadori, Milano 1990, pp. 428-429.
[71] Ibidem.
[72] Federici, T. (a cura di), *Commento alla Genesi (Bereshit Rabbah)*, Unione Tipografico-Editrice Torinese, Torino 1978, p. 284.
[73] *La Bibbia di Gerusalemme*, Edizioni dehoniane, Bologna 2011, p. 43.
[74] Ibidem.
[75] Ibidem.
[76] «Questa è la discendenza di Sem: Sem aveva cento anni quando generò Arpacsàd, due anni dopo il diluvio; Sem, dopo aver generato Arpacsàd, visse cinquecento anni e generò figli e figlie.» Ivi, p. 44.
[77] Jorge Luis Borges, *La biblioteca di Babele*, in *Finzioni*, Adelphi, Milano 2015, versione digitale.
[78] *Fatemi il funerale da vivo*, Colloquio con Carmelo Bene di Giancarlo Dotto, «L'Espresso», 13 gennaio 2000.
[79] Jorge Luis Borges, *op. cit.*
[80] Ibidem.
[81] J. Rodolfo Wilcock, *La sinagoga degli iconoclasti*, Adelphi, Milano 1972, p. 67.
[82] Italo Calvino, *Cibernetica e fantasmi (Appunti sulla narrativa come processo combinatorio)*, in *Una pietra sopra*, Mondadori, Milano 1995, p. 203.
[83] Ivi, p. 207.
[84] Ibidem.
[85] Ivi, p. 209.
[86] Ivi, p. 210.
[87] Giorgiomaria Cornelio, *Fossili di rivolta. Immaginazione e rinascita*, Edizioni Tlon, Roma 2024, p. 292.
[88] Ivi, p. 301.
[89] Ivi, p. 318.
[90] Umberto Eco, *Quante ne combina Balestrini*, in *Nanni Balestrini, Tristano*, GT 5377, Deriveapprodi, Roma 2007, p. V.

[91] Ivi, p. IX.
[92] Umberto Eco, *Il pendolo di Foucault*, Bompiani, Milano 1988, p. 371.
[93] Robert J. Sawyer, *WWW 1: Risveglio*, Mondadori, Milano 2011, pp. 135-136.
[94] Pedro Domingos, *L'algoritmo definitivo. La macchina che impara da sola e il futuro del nostro mondo*, Bollati Boringhieri, Milano 2016, p. 49.
[95] Ibidem.
[96] Roberto Calasso, *L'innominabile attuale*, op. cit., p. 32.
[97] Ibidem.
[98] Hubert Dreyfus e Sean Dorrance Kelly, *Ogni cosa risplende*, Einaudi, Torino 2012, p. 201.
[99] Roberto Calasso, K., *op. cit.*, p. 181.
[100] Gino Roncaglia, *L'architetto e l'oracolo*, cit., p. 143.
[101] Jean Lévi, *Il grande imperatore e i suoi automi*, Einaudi, Torino 1997, p. 254.
[102] Ibidem.
[103] Ivi, p. 255.
[104] Ibidem.
[105] Norbert Wiener, *Introduzione alla Cibernetica. L'uso umano degli esseri umani*, Bollati Boringhieri, Torino 2012, p. 227.
[106] Ivi, p. 228.
[107] Jorge Luis Borges, *L'Aleph*, Adelphi, Milano 1998, p. 102.
[108] Friedrich Schelling, *Filosofia della mitologia*, Mursia, Milano 1990, p. 474.
[109] Friedrich Nietzsche, *Al di là del bene e del male*, Adelphi, Milano 1968, p. 79.
[110] Cormac McCarthy, *Stella Maris*, Einaudi, Torino 2023, p. 19.
[111] Ivi, p. 71.
[112] Ivi, p. 20.
[113] Ivi, p. 128.
[114] Ivi, p. 28.
[115] Ivi, p. 141.
[116] Ibidem.
[117] Yuval Noah Harari, *Homo Deus*, Bompiani, Milano 2014, p. 52.

Bibliografia

Introduzione. La macchina di Kafka

Bridle, J., *Modi di essere. Animali, piante e computer: al di là dell'intelligenza umana*, Rizzoli, Milano 2022.

Calasso, R., *K.*, Adelphi, Milano 2005.

Citati, P., *Kafka*, Adelphi, Milano 2007.

Colamedici, A., *Il codice del mito. Il sogno di Platone e l'incubo dell'Occidente*, Mursia, Milano 2017.

Crumb, R., Mairowitz, D.Z., *Kafka*, Rizzoli, Milano 2024.

Kafka, F., *Confessioni e immagini*, Mondadori, Milano 1960.

Kafka, F., *Il cruccio del padre di famiglia*, in *Il messaggio dell'imperatore*, Adelphi, Milano 1981.

Kafka, F., *Tutti i romanzi, i racconti, pensieri e aforismi*, Newton Compton, Roma 2012.

Kafka, F., Brod, M., *Aeroplani a Brescia*, Morcelliana, Brescia 2021.

Mann, T., *La montagna magica*, Mondadori, Milano 2010.

Stach, R., *Kafka. I primi anni*, Il Saggiatore, Milano 2024.
Stach, R., *Kafka. Gli anni della consapevolezza*, Il Saggiatore, Milano 2024.
Stach, R., *Kafka. Gli anni delle decisioni*, Il Saggiatore, Milano 2024.
Vance, J., *Per chi lavoriamo*, in Belknap Long, F., *Paradiso sospetto*, Mondadori, Milano 1965.

Capitolo 1

Aa.Vv., *I cervelli artificiali*, Sansoni, Firenze 1972.
Apollonio Rodio, *Le Argonautiche*, Rizzoli, Milano 1986.
Borges, J.L., Guerrero, M., *Manuale di zoologia fantastica*, Einaudi, Torino 1996.
Calasso, R., *La rovina di Kasch*, Adelphi, Milano 1983.
Calasso, R., *L'innominabile attuale*, Adelphi, Milano 2017.
Collodi, C., *Le avventure di Pinocchio*, Rizzoli, Milano 2022.
Davis, M., *Il calcolatore universale*, Adelphi, Milano 2012.
Domingos, P., *L'algoritmo definitivo. La macchina che impara da sola e il futuro del nostro mondo*, Bollati Boringhieri, Torino 2016.
Eschilo, *Prometeo*, Feltrinelli, Milano 2015.
Fratini, A., *Teste parlanti*, Libreria Editrice ASEQ, Roma 2019.
Laura, L., *Breve e universale storia degli algoritmi*, Luiss University Press, Roma 2019.

McCorduck, P., *Storia dell'intelligenza artificiale. Gli uomini, le idee, le prospettive*, Franco Muzzio Editore, Padova 1987.

Minsky, M., *La società della mente*, Adelphi, Milano 1989.

Omero, *Iliade*, a cura di Vincenzo Monti, Salerno Editrice, Roma 2004.

Platone, *Fedro*, Feltrinelli, Milano 2015.

Pratt, V., *Macchine pensanti. L'evoluzione dell'intelligenza artificiale*, Il Mulino, Bologna 1990.

Prencipe, A., Sideri, M., *L'innovatore rampante*, Luiss University Press, Roma 2022.

Prencipe, A., Sideri, M., *Il visconte cibernetico*, Luiss University Press, Roma 2023.

Sbrojavacca, E., *Letteratura assoluta. Le opere e il pensiero di Roberto Calasso*, Feltrinelli, Milano 2021.

Turing, A.M., *Intelligenza meccanica*, Bollati Boringhieri, Torino 1994.

Turing, A.M., *Meccanismo computazionale e intelligenza*, Città Nuova, Roma 2018.

Wolf, M., *Lettore, vieni a casa. Il cervello che legge in un mondo digitale*, Vita e Pensiero, Milano 2018.

Capitolo 2

Apollonio Rodio, *Le Argonautiche*, Rizzoli, Milano 1986.

Aa.Vv., *Che cos'è l'informatica. Storia, tecnologia, economia*, a cura di Renato Levrero, Mazzotta, Milano 1977.

Aa.Vv., *Enciclopedia o Dizionario ragionato delle scienze, delle arti e dei mestieri ordinato da Diderot e D'Alembert*, a cura di Paolo Casini, Laterza, Roma-Bari 2019.

Battisti, E., Saccaro Battisti, G., *Le macchine cifrate di Giovanni Fontana*, Arcadia, Milano 1984.

Bernstein, J., *Uomini e macchine intelligenti*, Adelphi, Milano 1990.

Borek, E., *Il codice della vita. DNA*, Boringhieri, Torino 1966.

Butler, S., *Erewhon*, Adelphi, Milano 1979.

Butler, S., *Ritorno in Erewhon*, Adelphi, Milano 1996.

Buzzati, D., *Il grande ritratto*, Mondadori, Milano 2014.

Čapek, K., *R.U.R. Rossum's Universal Robots*, Marsilio, Venezia 2015.

Capuana, L., *L'isola degli automi*, Splen, Mascalucia (CT) 2016.

Cicerone, *La Repubblica*, Rizzoli, Milano 2008.

Davis, M., *Il calcolatore universale*, Adelphi, Milano 2012.

Descartes, R., *Opere 1637-1649*, a cura di Giulia Belgioioso, Bompiani, Milano 2009.

Descartes, R., *Opere postume 1650-2009*, a cura di Giulia Belgioioso, Bompiani, Milano 2009.

Di Pasquale, G., *Le macchine nel mondo antico. Dalle civiltà mesopotamiche a Roma imperiale*, Carocci, Roma 2019.

Eversmann, L., *Karl Marx nell'era digitale*, Luiss University Press, Roma 2022.

Hartmann, F., *Il mondo magico di Paracelso*, Edizioni Mediterranee, Roma 1982.

Hoffmann, E.T.A., *L'uomo della sabbia e altri racconti*, Rizzoli, Milano 2013.

Kelly, K., *Quello che vuole la tecnologia*, Codice Edizioni, Torino 2011.

Lem, S., *Summa Technologiae. Scritti sul futuro*, Luiss University Press, Roma 2023.

Licklider, J.C.R., Man-Computer Symbiosis, in «IRE Transactions on Human Factors in Electronics», March 1960.

Maturana, H., Varela, F., *Macchine ed esseri viventi. L'autopoiesi e l'organizzazione biologica*, Astrolabio, Roma 1992.

Menabrea, L.F., *Notions sur la machine analytique de M. Charles Babbage*, Outlook Verlag, Frankfurt 2024.

Menabrea, L.F., *Sketch of the Analytical Engine Invented by Charles Babbage. Translation and Notes by Ada Lovelace*, Independently published (Amazon) 2020.

Mérimée, P., *La Venere d'Ille*, Passigli, Firenze 1988.

Meyrink, G., *Il Golem*, Bompiani, Milano 2019.

Moro, T., *Utopia*, Timeo, Roma 2023.

Nicolelis, M., *Il cervello universale. La nuova frontiera delle connessioni tra uomini e computer*, Bollati Boringhieri, Torino 2015.

Offroy de Lamettrie, J., *L'uomo macchina e altri scritti*, Feltrinelli, Milano 1955.

Poe, E.A., *Il giocatore di scacchi di Maelzel*, in *Racconti*, Garzanti, Milano 1988.

Pollock, F., *Automazione*, Einaudi, Torino 1956.

Shelley, M., *Frankenstein*, Feltrinelli, Milano 2013.

Sini, C., *Intelligenza artificiale e altri scritti*, Jaca Book, Milano 2024.

Somenzi, V., Cordeschi, R. (a cura di), *La filosofia degli automi. Origini dell'intelligenza artificiale*, Bollati Boringhieri, Torino 1986.

Villiers de L'Isle-Adam, P.A., *Eva futura*, Marsilio, Venezia 2021.

Vitruvio, *De Architectura*, Edizioni Studio Tesi, Roma 1999.

Von Harbou, T., *Metropolis*, Edizioni Studio Tesi, Roma 1993.

Watson, J.D., Berry, A., *DNA. Il segreto della vita*, Adelphi, Milano 2006.

Whitman, W., *Foglie d'erba*, Einaudi, Torino 2016.

Capitolo 3

Battisti, E., Saccaro Battisti, G., *Le macchine cifrate di Giovanni Fontana*, Arcadia, Milano 1984.

Borges, J.L., *Finzioni*, Einaudi, Torino 2003.

Chaitin, G., *Alla ricerca di Omega*, Adelphi, Milano 2007.

Dahl, R., *Lo scrittore automatico*, in *Il libraio che imbrogliò l'Inghilterra*, Tea, Milano 1986.

Devlin, K., *I numeri magici di Fibonacci. L'avventurosa scoperta che cambiò la storia della matematica*, Rizzoli, Milano 2012.

Doda, I., *L'utopia dei miliardari*, Edizioni Tlon, Roma 2024.

Domingos, P., *L'algoritmo definitivo. La macchina che impara da sola e il futuro del nostro mondo*, Bollati Boringhieri, Torino 2016.

Finn, E., *Che cosa vogliono gli algoritmi. L'immaginazione nell'era dei computer*, Einaudi, Torino 2018.

Hui, Y., *Cosmotecnica. La questione della tecnologia in Cina*, Nero, Roma 2021.

Leiber, F., *Le argentee teste d'uovo*, SFBC, Piacenza 1964.

Leibniz, G.W., *I classici del pensiero*, voll. 1 e 2, Mondadori, Milano 2008.

Lem, S., *Cyberiade ovvero viaggio comico, binario e libidinatorio nell'universo di due fantageni*, Marcos y Marcos, Milano 2003.

Levi, P., *Il verificatore*, in *Storie naturali*, Einaudi, Torino 2022.

Longo, G.O., Vaccaro, A., *Bit Bang. La nascita della filosofia digitale*, Apogeo, Milano 2013.

Malerba, L., *Testa d'argento*, Mondadori, Milano 1988.

Roncaglia, G., *L'architetto e l'oracolo*, Laterza, Roma-Bari 2024.

Swift, J., *Una modesta proposta per impedire che i bambini della povera gente siano di peso per i loro genitori o per il Paese, e per renderli utili alla comunità*, Nuovi equilibri, Viterbo 2010.

Swift, J., *I viaggi di Gulliver*, Mondadori, Milano 2012.

Tasca, A., *Cultura e socialismo*, in «L'Ordine Nuovo», n. 8, 28 giugno-5 luglio 1919.

Trione, A., *Ars Combinatoria*, Spirali, Milano 1999.

Vespignani, A. (con Rijtano, R.), *L'algoritmo e l'oracolo. Come la scienza predice il futuro e ci aiuta a cambiarlo*, Il Saggiatore, Milano 2019.

Weil, S., *Quaderni, III*, Adelphi, Milano 1988.

Weinberger, D., *La stanza intelligente. La conoscenza come priorità della rete*, Codice Edizioni, Torino 2012.

Wolfram, S., *A New Kind of Science*, Wolfram Media Inc, Champaign (IL) 2002.

Yi Tenen, D., *Teoria letteraria per robot*, Bollati Boringhieri, Torino 2024.

Capitolo 4

Bacone, F., *La nuova Atlantide*, SE, Milano 2013.

Bruno, G., *De Umbris Idearum. Le ombre delle idee*, a cura di Claudio D'Antonio, Di Renzo Editore, Roma 2004.

Calasso, R., *La rovina di Kasch*, Adelphi, Milano 1983.

Calasso, R., *Il libro di tutti i libri*, Adelphi, Milano 2019.

Cicerone, *Dell'oratore*, Rizzoli, Milano 2024.

Cobb, R., *Reazioni alla Rivoluzione francese*, Adelphi, Milano 1990.

Colli, G., *La nascita della filosofia*, Adelphi, Milano 1975.

Conan Doyle, A., *I pupazzi ballerini*, in *Sherlock Holmes. Tutti i romanzi e tutti i racconti*, Mondadori, Milano 2018.

Hobbes, T., *Leviatano*, Rizzoli, Milano 2011.
Leibniz, G.W., *I classici del pensiero*, voll. 1 e 2, Mondadori, Milano 2008.
Pasquinelli, M., *Tremila anni di rituali algoritmici*, in Francesco D'Abbraccio e Andrea Facchetti (a cura di), *AI & Conflicts*, vol. 1, Krisis Publishing, Brescia 2021.
Poe, E.A., *Lo scarabeo d'oro*, in *Tutti i racconti. Del mistero, dell'incubo e del terrore*, Newton Compton, Roma 2022.
Rossi, P., *Clavis Universalis. Arti mnemoniche e logica combinatoria da Lullo a Leibniz,* Riccardo Ricciardi Editore, Milano-Napoli 1960.
Shakespeare, W., *La tempesta*, Feltrinelli, Milano 2014.
Schrödinger, E., *La Nature et les Grecs*, Les Belles Lettres, Paris 2014.
Yates, F.A., *L'arte della memoria*, Einaudi, Torino 1972.
Yates, F.A., *Giordano Bruno e la tradizione ermetica*, Laterza, Roma-Bari 2010.
Zellini, P., *La matematica degli dèi e gli algoritmi degli uomini*, Adelphi, Milano 2016.
Zellini, P., *La dittatura del calcolo*, Adelphi, Milano 2018.
Zellini, P., *Il teorema di Pitagora*, Adelphi, Milano 2023.

Capitolo 5

Aa.Vv., *Almanacco Letterario Bompiani 1962. Le applicazioni dei calcolatori elettronici alle scienze mo-*

rali e alla letteratura, a cura di Sergio Morando, Bompiani, Milano 1961.

Aa.Vv., *Mente umana mente artificiale*, a cura di Riccardo Viale, Feltrinelli, Milano 1989.

Airoldi, M., *Machine Habitus. Sociologia degli algoritmi*, Luiss University Press, Roma 2024.

Apostel, L., *Materialismo dialettico e metodo scientifico. Cibernetica, logica, marxismo*, Einaudi, Torino 1968.

Balestrini, N., *Tristano*, Feltrinelli, Milano 1966.

Borges, J.L., *La biblioteca di Babele*, in *Finzioni*, Adelphi, Milano 2015.

Borges, J.L., *Pierre Menard, autore del «Chisciotte»*, in *Finzioni*, Adelphi, Milano 2015.

Calasso, R., *K.*, Adelphi, Milano 2005.

Calvino, I., *Cibernetica e fantasmi (Appunti sulla narrativa come processo combinatorio)*, in *Una pietra sopra*, Mondadori, Milano 1995.

Cornelio, G., *Fossili di rivolta. Immaginazione e rinascita*, Edizioni Tlon, Roma 2024.

De Latil, P., *Il pensiero artificiale. Introduzione alla Cibernetica*, Feltrinelli, Milano 1962.

Camillo, G., *L'idea del theatro*, Adelphi, Milano 2015.

Eco, U., *Il pendolo di Foucault*, Bompiani, Milano 1988.

Eco, U., *Quante ne combina Balestrini*, in Nanni Balestrini, *Tristano*, GT 5377, DeriveApprodi, Roma 2007.

Kafka, F., *Racconti*, Mondadori, Milano 1990.

Larsson, B., *Essere o non essere umani. Ripensare l'uo-*

mo tra scienza e altri saperi, Raffaello Cortina, Milano 2024.
Lem, S., *Golem XIV*, Il Sirente, Fagnano Alto (AQ) 2017.
Perec, G., *La vita istruzioni per l'uso*, Rizzoli, Milano 2013.
Queneau, R., *Cent mille milliards de poèmes*, Gallimard, Paris 1961.
Shanahan, M., *La rivolta delle machine. Che cos'è la singolarità tecnologica e quanto presto arriverà*, Luiss University Press, Roma 2018.
Shaw, G.B., *Pigmalione*, Mondadori, Milano 2018.
Sloterdijk, P., *Sfere I*, Raffaello Cortina, Milano 2009.
Thagard, P., *Cervelli a confronto. Perché l'intelligenza umana è diversa da quella degli animali e dei robot*, Franco Angeli, Milano 2021.
Wiener, N., *Introduzione alla Cibernetica*, Einaudi, Torino 1953.
Wiener, N., *La Cibernetica*, Armando Editore, Roma 2018.
Wilcock, R.J., *Absalon Amet*, in *La sinagoga degli iconoclasti*, Adelphi, Milano 1972.
Zellini, P., *Il teorema di Pitagora*, Adelphi, Milano 2023.

Capitolo 6

Arcagni, S., *L'occhio della macchina*, Einaudi, Torino 2018.
Boen, M.A., *L'Intelligenza Artificiale*, Il Mulino, Bologna 2019.

Bostrom, N., *Superintelligenza. Tendenze, pericoli, strategie*, Bollati Boringhieri, Torino 2018.

Calasso, R., *K.*, Adelphi, Milano 2005.

Calasso, R., *L'innominabile attuale*, Adelphi, Milano 2017.

Chalmers, D.J., *Più realtà. I mondi virtuali e i problemi della filosofia*, Raffaello Cortina, Milano 2023.

Chiriatti, M., *Incoscienza artificiale. Come fanno le macchine a prevedere per noi*, Luiss University Press, Roma 2021.

Crawford, K., *Né intelligente né artificiale. Il lato oscuro dell'IA*, Il Mulino, Bologna 2021.

Davis, E., *Techgnosis. Mito, magia e misticismo nell'era dell'informazione*, Nero, Roma 2023.

Domingos, P., *L'algoritmo definitivo. La macchina che impara da sola e il futuro del nostro mondo*, Bollati Boringhieri, Torino 2016.

Dreyfus, H., Dorrance Kelly, S., *Ogni cosa risplende*, Einaudi, Torino 2012.

Floridi, L., *Etica dell'intelligenza artificiale. Sviluppi, opportunità, sfide*, Raffaello Cortina, Milano 2022.

Lem, S., *Solaris*, Sellerio, Palermo 2013.

Lévi, J., *Il grande imperatore e i suoi automi*, Einaudi, Torino 1997.

Le Guin, U., *La falce dei cieli*, Nord, Milano 2005.

Fei-Fei, Li, *Tutti i mondi che vedo. Curiosità, scoperta e meraviglia all'alba dell'intelligenza artificiale*, Luiss University Press, Roma 2024.

Moriggi, S., Pireddu, M., *L'Intelligenza Artificiale e i suoi fantasmi. Vivere e pensare con le reti generative*, Il Margine, Trento 2024.

Roncaglia, G., *L'architetto e l'oracolo*, Laterza, Roma-Bari 2024.

Sawyer, R.J., *WWW 1: Risveglio*, Mondadori, Milano 2011.

Von Neumann, J., *Computer e cervello*, Il Saggiatore, Milano 2014.

Wiener, N., *Introduzione alla Cibernetica*, Einaudi, Torino 1953.

Capitolo 7

Borges, J.L., *L'Aleph*, Adelphi, Milano 1998.

Castaneda, C., *Una realtà separata. Nuove conversazioni con don Juan*, Rizzoli, Milano 2013.

Colamedici, A., Gancitano, M., *L'alba dei nuovi dèi. Da Platone ai Big Data*, Mondadori, Milano 2021.

Gibson, W., *Neuromante*, Mondadori, Milano 2023.

Morrison, G., *The Invisibles*, Panini, Bologna 2020.

Nietzsche, F., *Al di là del bene e del male*, Adelphi, Milano 1968.

Rushdie, S., *I versi satanici*, Mondadori, Milano 2015.

Schelling, F.W.J., *Filosofia della mitologia*, Mursia, Milano 1990.

Kia-hway, L. (a cura di), *Zhuang-zi*, Adelphi, Milano 1982.

Epilogo

Harari, Y.N., *Homo Deus*, Bompiani, Milano 2014.
Kai-Fu, L., Qiufan, C., *AI 2041. Scenari dal futuro dell'intelligenza artificiale*, Luiss University Press, Roma 2023.
McCarthy, C., *Il passeggero*, Einaudi, Torino 2023.
McCarthy, C., *Stella Maris*, Einaudi, Torino 2023.

Indice

Prologo 7

Introduzione. La macchina di Kafka 9
Cosa fanno le invenzioni 10
Ancora tra Kafka e gli aeroplani 12
Cosa faremo, quindi, in questo libro 19
Le radici culturali della IA 21
Introduzione alla mappa culturale 22

1. L'ira di Achille e l'IA 23
Estate del 1956: un altro inizio 25
Talking Heads 27
Pensare o imitare? 29
Imitarsi male 31
Recuperare l'analogia 34
Thoth e Thamus 37

Imitare Platone 39
Da Prometeo a Talos 41
Il prestigio e la magia 43
La scatola nera 46

2. Macchine intelligenti 49
A proposito di automi 53
Bias e IA 57
Fisiologia dei robot 58
Il giocatore di scacchi 60
Io, Robot 63
L'homunculus e il cyborg 66
Simbiosi 68
La macchina di Babbage e la programmazione 77

3. Macchine che scrivono 80
La calcolatrice di Leibniz 82
Swift contro la macchina simbolica 84
Non solo Gulliver 87
Borges tra angeli e scacchisti 88
Futuri ancestrali 92
Token 93
Oltre il significato 94
Capire e non capire 96
Conscio e inconscio collettivo 98
Cyberiade 99
Il versificatore *di Primo Levi e* Lo scrittore automatico *di Roald Dahl* 102
E se il problema fosse l'umano? 104

4. Dalla mnemotecnica alla combinatoria 106
Antiche tecniche della memoria 108
Memex, Perceptron e RAM 110
Le tecniche di Giovanni Fontana e Raimondo Lullo 113
La memoria artificiale di Giordano Bruno 117
Le macchine spettacolari di Francesco Bacone 122
Le formule di Hobbes 124
Non è tutto calcolo ciò che pensa 126
Le cose sono numeri 130
L'IA e la nascita della filosofia 131
La lingua artificiale 134
Il mulino di Leibniz e l'algoritmo 135
Algoritmi letterari 137

5. Il sogno della biblioteca infinita 139
Le Sirene di Kafka 140
Pierre Menard e la riscrittura 142
Finire l'infinito da Laßwitz a Alsted 143
La biblioteca di Babele 146
L'enciclopedismo e i teatri della memoria 152
Amet l'orologiaio 156
Calvino cibernetico 159
Il Golem *di Lem* 162
Diritto d'autore e appropriazione 163
Verso una nuova etica della creazione 164
Il pendolo *di Eco* 168
La teoria dell'informazione 169

6. Vedo, dunque sono 173
Microchip emozionali 176
Il gioco della vita e gli automi cellulari 177
La vita è digitale 179
L'occhio di dio: dalla conoscenza alla coscienza 180
Contro l'illusione: etica parte prima 181
Diventare macchina: etica parte seconda 182
Gli dèi hanno smesso di nascondersi 183
Nascondino e Un due tre stella 184
Non ci indurre in tentazione 187
Le profezie autoavverantesi: etica parte terza 189

7. Losing touch with the texture 192
Il corpo tra Matrix *e* eXistenZ 193
L'eros delle macchine 196
Il mostruoso umano 197
Chi è il device? 198
Demoni e realisti 199
XZ 201

Epilogo 203
Dalla magia al prestigio, e dal prestigio alla magia 207

Ringraziamenti 212

Note 213

Bibliografia 218

Questo libro è stampato fabbricato da Grafica Veneta S.p.A.
con un processo di stampa e rilegatura certificato 100% carbon neutral
in accordo con PAS 2060 BSI

Finito di stampare nel mese di settembre 2024
per conto di RCS MediaGroup S.p.A.
da Grafica Veneta S.p.A., via Malcanton 2, Trebaseleghe (PD)
Printed in Italy